AF461310

LE SANDRIN

OU

VERD GALAND

où sont naïfvement déduits les plaisirs
de la vie rustique

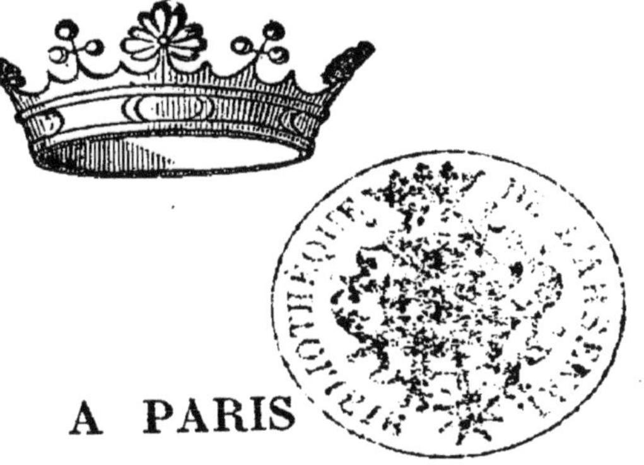

A PARIS

DE L'IMPRIMERIÉ D'ANTHOINE DU BRUEIL

AU MONT SAINCT HILAIRE, RUE D'ESCOSSE

à la Coronne

MDCIX.

ANTHOINE DU BRUEIL

Libraire

A PIERRE PAUTONNIER

IMPRIMEUR DU ROY ÈS LETTRES GRECQUES

EPISTRE SATYRIQUE

AMy Pautonnier, que t'en semble : Ne cognois tu pas que ceste nouvelle mutation de noz exercices a mis la puce à l'oreille des adversaires de nostre bien, et donné sujet selon leur goust, de s'entretenir de discours bigarrez sur ce fait, sans considerer, que de ma part, j'ay esté contraint d'aprocher de S. Yves pour estre chargé de quelques reliques que dans peu de jours je desire appendre au temple qui luy est dedié (joint aussi que le bon sainct permet à ceux de nostre vacation d'estre au dessus de luy en ce monde), reliques que je proteste me peser fort sur les bras, n'estant pas beaucoup asseuré de retirer les mises que j'y employe, ayant affaire à une partie qui n'a que faire se soucier si le beurre est cher, n'ayant que frire. Baste, passons outre, Pautonnier, mon amy, et changeons de propos, qui endure n'est pas vaincu; je recognois la pluspart de noz mesdisans estre de la race d'un des vieux peres de l'ancien Testament, et qui ont beau secoüer la teste devant que ses caracteres leurs tombent : ils veulent dire que nous manquons de bon mesnage, ils ont peut estre raison, ce que je sçay pour moy mesme. Car

Rire tousjours et faire bonne chere,
N'avoir soucy de Thibaut ne Gaultier :
Est le moyen vuider la gibeciere,
Et devenir de noble roturier.
Voila comment, mon amy Pautonnier,
Me dit un jour un drolle qu'ay de frere,
Que devenu d'Evesqu' estois musnier
Tant il a eu pitié de ma misere.

Or pour rire d'oresnavant, et toy, et moy à la chardonnerette (car il est fol qui s'oublie) j'ay dressé un petit livret où est recité entierement les plaisirs de la vie rustique, par ce que je sçay que cet exercice t'est agreable infiniment, que j'ay intitulé le Sandrin ou Verd galand, où je te prie employer tes heures de loysir que je sçay estre assez amples, sans t'amuser, comme ces jours passez, à ergoter des reigles de l'Arithmetique, car la multiplication nous sera difficile pendant que la vendange sera à si haut prix; refrains aussi ta colere, et ne pense pas que ce nous soit grand advantage de prendre nostre habitude dans la grotte ou cabane d'un Lyon, j'ay peur qu'avec le temps, ceste asseurance nous soit cher venduë. Je croy aussi, comme tu as le cœur genereux, que tu aspire au service de quelque Prince, comme vrayment tu le merite des mieux ; si tu te resouls à cela, je desire te monstrer le tesmoignage de mon amitié, car pour faire entrée en ces lieux, il est necessaire sçavoir les preceptes de la chasse. Or je te veux faire present d'un Levron aucunement sot pour estre venu de la race, mais toutefois bien nourry, et fort propre à faire des saillies; il ne luy reste plus qu'un collier que j'espere qu'il aura l'une de ces apres-disnées, il n'y a qu'à craindre qu'il ne soit trop juste à son col, et luy face perdre le vent. Or, pour conclure, je te prie, Pautonnier, mon amy, de prendre en bonne part cet eschantillon de ma patience, que je croiray estre bien employée, si tu l'observe : ce faisant conserveras les courroyes de ta bource, malgré les confreres de S. Brieux de Vaux. Encor' avant que ployer bagage, ceste fesse tonduë que tu sçais, passant n'a pas long temps devant ma personne, pour me monstrer qu'il n'avoit plus que le poil et les dents, rebroussoit sa moustache, qui me sembla aussi herissée que les deffences d'un sanglier de quinze mois, assortie d'une barbe, que je te jure estre vrayment de la couleur de celle que portoit le reprouvé des Apostres. Bref, en l'equipage qu'il me parust, s'il estoit perché au bout d'un baston en quelque village, les noyers y seroient affranchis du larcin des Corneilles. Adieu.

BATI LIEU D'HONNEUR.

Floride ayant, par ses braves discours,
Fait souspirer ceux que l'amour attire,
Voulant donner relasche à leur martyre
Fait ce present des Rustiques Amours.

LE SANDRIN

OU

VERD GALAND.

RECIT DES NOPCES DE CHARLOT ET DE LAURIETTE.

Floride et Minerve contentes et joyeuses, se promenans un jour ensemble à Glicere dans la grande allee, s'apperceurent que Charlot devisoit avec Lauriette, comme d'un sens fort rassis, et d'un profond discours, qui fut cause que Floride dit à Minerve : Je serois infiniment ingratte si je ne faisois du bien à ces deux personnes là qui m'ont assisté si courageusement, et d'un cœur si franc.

Minerve. Il les faut marier ensemble s'ils le veulent, et leur donner quelque petit avancement.

Floride. Ç'est bien dit, nous rirons tandis que vous estes icy. A l'instant mesme ils les appellerent, et Floride parla à Charlot, et Minerve à Lauriette, qui incontinent trouverent que leurs volontez s'accordoient, parquoy ils les accorderent, et fiancerent. Il ne falloit pas que ces nopces fussent faictes sans plaisir, et pource bonne compagnie en fut advertie, qui s'y trouva. Penseriez-vous qu'Yolande n'y fust point ; si nous l'avons un peu laissee, ç'a esté pour luy donner loisir de penser en ses amours, ce pendant qu'Armil est à Paris pour quelques affaires. Floride vouloit aussi marier Riande, qui ne voulut pas y consentir, et ne peut-on avoir d'elle autre chose pour response, sinon qu'elle ne vouloit point se separer de sa chere maistresse, avec laquelle, l'ayant retrouvee, elle finiroit ses jours, si elle l'avoit agreable. Les filles ont ainsi des occasions qu'elles mettent en avant, pour celer ce que la honte et l'honneur veullent qu'elles tiennent secret de leurs amours. Or, Amour qui vouloit faire des siennes, vouloit bien que l'on sceust qu'il se fourre par tout, et de tous estats, et à ceste fin, servit luy mesme de trompette pour porter les nouvelles de ces nopces. Dès le poinct du jour, les Gentils-hommes du païs avec les luths vindrent, qui chez l'un, qui chez l'autre, et assemblez chantoient cest air.

Voicy le temps que l'on plante
Ceste plante,
Qui par ses effects divers
Resjouit tout l'Univers.
Sus doncques vous de qui l'ame
Toute en flame
Est animee à l'amour,
Resveillez-vous il est jour.
Allons fouller la rosee
De la pree,
Par où l'on va dans les bois,
Où sont les arbres plus droits.
Que chacun se resjouisse,
Et choisisse,
Le may selon qu'il sçaura
Qu'à sa maistresse il plaira.
Et d'une belle allaigresse,
Luy addresse,
Et le plante long et droict
Au plus amoureux endroit.

Les banquets furent amples, et outre les Gentils-hommes et Dames, les Bergers et Bergeres des environs s'y trouverent si bien que c'estoit une vraye et naifve pastoralle. Et croyez qu'il n'y a point tant de plaisir aux mascarades contre-faites de bergers, qu'à la naïveté des naturels pasteurs. Ceste feste rendoit le temps agreable, et la compagnie estoit, qui aux jardins, qui aux prez, qui au costau, selon que le plaisir incitoit chacun, ou en ces lieux, ou vers les bois, ou vers les ruisseaux. Sur le temps que les ombres s'accourcissent, et que l'on desire la fraischeur, et que desja les tables qui avoient esté dressees sous les tonnelles estoient prestes à estre ostees, voicy venir une trouppe de Bergers qui chantoient, l'une belle grand et disposte commençoit, et les autres luy respondoient:

J'ay le cœur remply d'esmoy,
Mon amy resjouy moy,

L'autre nuict estant couchee
Je songeay je ne sçay quoy.
J'ay le cœur, etc.

Las, j'estois toute ennuyee
Et mon amy vint à moy.
J'ay le cœur.

Comment t'en va, ma Bergere,
Me dit-il tant doucement.
J'ay le cœur.

Las, je suis en peine amere,
Et pour vous en grand tourment.
J'ay le cœur.

Que t'a t'on fait, ma mignonne,
Raconte moy ton courroux.
J'ay le cœur.

Tout le travail qu'on me donne
Ne m'est causé que par vous.
J'ay le cœur.

Les gens de nostre paroisse
Vont causant de nos amours.
J'ay le cœur.

Toutefois, m'amour, si est-ce
Que je t'aimeray tousjours.
J'ay le cœur.

Ce sont des sottes paroles,
Laissez causer les causeurs.
J'ay le cœur.

Et de crainte si frivoles
Ne troublons jamais nos cœurs.
J'ay le cœur.

Usans des biens de la vie,
Ma mignonne, entr'aymons-nous.
J'ay le cœur.

Et laissons passer l'envie,
Nul ne vit au gré de tous.
J'ay le cœur.

Aime moy bien, ma Bergere,
Car lors que nous serons morts.
J'ay le cœur.

Avec nostre ame legere,
Nos amours sortirons hors.
J'ay le cœur.

Donc ce pendant que nostre âge
Nous en donne le loisir.
J'ay le cœur.

Ma mignonne, sus, courage,
Donnons nous bien du plaisir.
J'ay le cœur.

Ceste chanson finie, et que ceste belle trouppe eut salué la compagnie, Charlot en prit une, et ainsi chacun de ceux qui vouloient dancer choisit celle qui luy plaisoit plus pour la mener, et Charlot chanta ceste chanson :

Bergere Bergeronnette
Dancez sur la violette.

Je m'en vay chercher des fleurs,
Et sur ces fleurs sont les cœurs
De ces douces Pastourelles.
Bergere, etc.

Les Bergers les vont cueillant,
Et hardis les resveillant
Se saisissent des plus belles.
Bergere.

Mais Amour qui ne veut pas
Qu'on ait à gré ses esbats,

Fait envoller ces fleurettes.
Bergere.

Ainsi les pauvres Bergers
Aymans des cœurs si legers,
Sont trompez par ces fillettes.
Bergere.

Puis amour qui veut aussi
Apres leur faire mercy
Les remet en leur courage.
Bergere.

Ainsi meslant les amours
De mal, il fait que tousjours,
On les cherche d'avantage.
Bergere, bergeronnette
Dancez sur la gaye herbette.

Il faisoit bon veoir les Nymphes du lieu (qui font les jeunes Damoiselles à marier) habillées en bergeres, et n'eust esté la differente grace, on les eut prises pour telles ; mais quoy, chaque accoustumance a sa propre forme. et bien vray, que quelquefois il y a des naturels tant propres à tout, ce que l'on vid à quelques bergeres que l'on estimoit estre Nymphes : c'estoit Amour qui se jouoyt, façonnant chacun à sa fantasie, ainsi qu'il se transforme luy-mesme en toute sorte de ce qui est. Tout à l'entour, il y avoit mille petites gentillesses, et pastoralles : à main gauche, il y avoit un berger sur un prunier qui cueilloit des prunes, et en jettoit au giron d'une bergere, à laquelle il disoit d'un, et elle respondoit de mesme :

LE BERGER.

Viença, ma belle Marion,
Approche toy, tends ton giron,
Et icy je te donneray
Des prunes que je secouray.

LA BERGERE.

Tu fais à demy
Il faut que tu hoche,
Plus fort, mon amy,
Pour emplir ma poche.

Un peu plus à costé, et comme à l'entree du pré, ce qui estoit fait à propos : mais toutefois si bien qu'il sembloit que ce fut par saison, et coustume sans artifice. Il y avoit une belle Bergere qui tenoit son mouton, et des forces, comme pour tondre et, vis à vis, il y avoit un jeune Berger esbarbé qui estoit appuyé sur sa houlette qui s'entre-disoient de bons mots :

LE BERGER.

Ainsi les Bergeres
Qui sont mesnageres,
Quand il est saison
Serrent leur toison.

LA BERGERE.

Va, causeur, entre tes pareils,
Tu n'es pas comme mon mouton,
Par entre les deux gros orteils
On t'a eschaudé le menton.

Sur le fonds de la petite colline, il y avoit aussi à l'ombre d'un alisier une Bergere qui mangeoit dû lait caillé, et le vieil Berger qui avait la charge de faire gouster les pastourelles, luy en versoit en son escuelle, sur quoy ils devisoient de mesme, et de propos suyvant le temps, la saison, et les affaires :

LA BERGERE.

Berger, j'ayme tant la douceur,
Que, par ma fine, je voudrois
Au temps de ceste grand chaleur,
En avoir quand j'en demanderois.

LE BERGER.

Durant mon jeune âge
J'aymois le laittage
Mais quand on est vieux
Le bon vin vaut mieux.

En riant de ceux cy, on vint à appercevoir vers un saulx une vieille qui avoit attaché sa Chevre, et qui chantoit en se ridant le coin des yeux en patte d'Oye, et les costez de la bouche comme une vieille bourse de cuir :

Je me prens à rire
De ce que je tire,
Car je m'en souviens
Lors que je le tiens.

Un Berger caparassonné et equipé de ses hardes pastorales, faisoit une gaye et profonde reverence à une Bergere, et comme s'il luy eut demandé à servir, lui proposoit ce qu'il sçavoit faire, surquoy ils s'entretenoient joyeusement :

LE BERGER.

Je porte en mes boëtelettes
Un oignement si parfait.
Qui fait revenir le lait
Aux taries brebiettes.

LA BERGERE.

Tire toy arriere,
Tu n'es qu'un causeux,
Tu n'en aurois guere
Si vous estiez deux.

Un autre habillé plus à la legere accourt vers une Bergere, et ameine avec soy son belier, et s'approchant met la main à sa cotte pour la lever, et pourtant ils entrent en dispute :

LE BERGER.

Voicy le loup sur la motte
Qui veut manger mon mouton,

Je te prie, Marion,
Cachons Robin sous ta cotte.

LA BERGERE.

J'aymerois mieux ta houlette.
Pour le chasser s'il venoit,
Puis ma cotte est si estroitte
Que Robin me blesseroit,
Tant il a la corne droicte.

Sur ces gentillesses, Barlion et Faramond prirent Robin, et le menerent à part, l'emboucherent et l'envoyerent vers Minerve, qui estoit assise aupres de la mariee, et le compagnon s'en vint tenant une musette, et faisant la joyeuse petite reverence, luy dit :

S'il vous plaisoit, Dame discrette,
Humblement je vous serviroye,
Et en joüant de ma musette,
A vostre gré vous esbatroye.

MINERVE.

Tu n'es qu'un pitaut
Qui n'es guere sage,
Serviteur me faut
De plus haut parage.

LAURIERE.

Ha Robin! vray Dieu!
Tu as bon courage,
Puis qu'en si haut lieu
Veux avoir haussage.

Je ne sçay pas que vous faictes ny que vous ferez, mais je sçay bien que l'on rioyt de cecy et de cela, et qui n'en eut ry, puis que c'estoit à des nopces, qui ne sont faictes que pour rire, puis que l'on les celebre selon l'ordonnance de celuy qui veut que l'homme en naisse, lequel seul entre tous les animaux est capable de rire. Mais icy quelque cerveau alambiqué de vieilles apres le trouble des sciences, dira que l'enfant en naissant pleure : je le croy bien vrayement, c'est pour oster ceste superfluë humeur dont il se nourrissoit au ventre de sa mere, et puis avoir tout le loisir de rire : mais j'ayme mieux voir que font icy les Gentils-hommes qui aupres d'une fonteine, où le vin rafreschit, s'amusent à faire accoucher des flacons, et en tirer l'humeur delicieuse à l'ombre d'un bon jambon de mangeance. Voicy l'eslite des Chevaliers voisins qui estoient là qui se resjouissoient, continuans si bien qu'ils firent formellement disparoir le jambon, et par semblable advanture, quant à la fin ils firent aussi esvanoüir le vin, ce n'estoit point en bonne foy par enchantement, comme voudront penser ces bastisseurs de miscrocosmes, c'estoit veritablement, et de fait, et en se resjouissant au son des Luths, qui furent cause qu'entrans en fureur poëtiques, ils mirent les reliques du jambon au creux de l'arbre, et les flacons autour, avec ceste notable inscription :

Bien-heureux jambon dont la grace
Toute autre salure surpasse,
On te consacre neuf flacons,
Qui vuidez, sont le tesmoignage
Que tu as esté en ton âge
Le meilleur d'entre tous les bons.

Comme ils se furent levez et eurent monstre leur chef-d'œuvre aux Dames, ils veirent aupres d'un prunier une jolie pastourelle, c'estoit une Bergere assise ayant un mouton sous sa gonnelle, et Collin estoit assis un peu loin d'elle, comme un bon mary, qui ne veut interrompre les pensees de sa femme; ce pendant, un jeune rustaut mettoit la main sous la cotte de la bergere pour empoigner le mouton, de quoy la bergere comme irritee s'escrie à Colin, pourtant n'en bouge :

LA BERGERE.

Par ma finte, Colin,
Tu es un grand badin,
De ne venir deffendre
Ton mouton qu'on veut prendre.

LE BERGER.

Ma mignonne, tu en porte
Tousjours la clef devant toy ;

Il est à toy comme à moy,
Ferme si tu veux la porte.

Charlot qui estoit plus fier qu'il n'avoit esté de sa vie, estoit venu prendre sa Lauriette, et assis aupres d'elle, s'estoit adventuré de la baiser, et luy en contoit : ce qu'oyant Mauricette, un peu retiree seule, appella son petit chien, et le mignardoit : Charlot baisant son espousee lui disoit de menus propos :

CHARLOT.

Mignonne, prenons nos esbats,
Regarde en haut, moy contre bas,
Afin que personne ne beste,
Ne vienne troubler nostre feste.

MAURICETTE.

Lauriette que tu es aise
Tenant ton amy que tu baise ;
Ores, que j'ay perdu le mien,
Je m'amuse à grater mon chien.

Il n'y a personne qui puisse dire tout ce qui se passe aux nopces : car en despit des pires, il se desrobe des plaisirs qui ne sont cognus que de ceux qui les ont consommez ; voyla pourquoy je vous asseure qu'il se passa plusieurs autres gentillesses, et s'il y en a quelques unes que les Dames ne veulent pas dire, pource qu'alors elles trouverent une invention de plaisir qu'elles reservent pour les nopces d'Isquee. Entre toutes les Damoiselles, il y en avoit une qui, ou qu'elle fut extremement finette, ou qu'elle fit la naïve, ou le fut outre les limites, estant conduitte par tous les lieux du passe-temps, et oyant ces beaux discours pleins possible à son jugement des secrets mysteres qu'il faut celer, ne vouloit s'en esmouvoir, alleguant à chaque rencontre, je n'entends pas cela, qui fut cause que les Bergers, apportant un momon, luy presenterent cest Epigramme :

Je n'entens pas cela, et je ne puis sçavoir
Lors que j'en ouy parler, ce que l'on en veut dire.
On prend en discourant occasion d'en rire,
Et je ne sçay pourquoy, ny m'en appercevoir.

Je n'entens pas cela, et ne puis concevoir
Ce que l'on en dit tant, bien que je le desire,
Et qu'on en fait tel cas, que cela tant m'attire
Que pour l'entendre bien je le voudrois avoir.

Je n'entens pas cela, quoy qu'on die, ou qu'on pense,
Qu'on desire, qu'on fait : rien que l'experience
Faite à point et à droict ne me peut mener là.

Je n'entens pas cela et ne le puis entendre,
Il faudroit par effect sans discours me l'apprendre,
Car certes autrement, je n'entens pas cela.

Et afin que les autres ne fussent mal contentes, jetterent de petits cartels indifferemment pour celles qui les louëroient si leur eschëoit :

A LA PLUS BELLE.

Puis que vous estes la plus belle,
Vous en devez avoir l'honneur,
Pourveu qu'à vostre serviteur,
Vous ne soyez jamais cruelle.

A LA PLUS HUMBLE.

Celuy sera heureux
Qui vous aura une fois pour maistresse
Car jamais langoureux
Ne logera dans son cœur la tristesse.

A LA PLUS SAGE.

Vous jugerez sagement,
Quand aymant,
Vous fondrez la froide glace
D'alentour de vostre cœur,
Faisant grace,
A quelque humble serviteur.

A LA MIEUX AYMEE.

Si vous n'estes gracieuse,
Le temps un jour changera,
Car jamais on n'aymera,
Une beauté glorieuse.

A LA PLUS FINE.

Hé bien ! vous faictes la finette?
Ce n'est pas sans occasion;
Mais, gardez que la passion
En evidence ne vous mette.

A LA PLUS ACCOMPLIE.

Par un heureux destin, vous vinstes voir ce monde
Afin que ne fussiez à nulle autre seconde.

A LA PLUS SECRETTE.

Sans en faire semblant, vous vivez bien-heureuse,
Aussi vous estes sage, aymee et amoureuse.

A LA PLUS LOYALE.

Gardant vostre fidelité,
Si vous aymez, vous serez bien aymee,
Car vostre vie est des destins formee
Sous les mains de la loyauté.

A LA MEILLEURE.

Qui vous pourroit trouver,
Pourroit bien achever,
Une estrange avanture.
Et tant sage seroit
Qu'il outrepasseroit
Le terme de nature.

Voyla comment le temps se passa en ces joyeuses nopces, qui furent continuees quelques jours, en faveur des Dames, ainsi Charlot et Lauriette, receurent le loyer de leurs merites.

Mauricette et Ourson en traitant leurs amours
Choisissent pour gaudir les plus beaux du village
Entre lesquels Sandrin pour faire de bons tours
Feust esleu pour orner ce brave mariage.

LES AMOURS DE MAURICETTE ET D'OURSON.

TAndis que Floride et Faramond s'amusent à pleurer leur vieille mere, nous avisons une belle bergere qui demande d'entrer icy, pource qu'elle est de la partie, et que les Dames ne trouveront point ce qu'elles desirent sans elle. Au quartier plus fertile de la Brie vers le midy, où se voyent tant de belles maisons et de grands bourgs, dont l'abondance est la perfection de la contree, estoit l'honneur des bergeres : ceste belle Mauricette qui a tant perdu de cœurs, qui miserablement se sont venus ruiner, à l'escueil de sa beauté champestre, que nature et amour complices de ses cruautez avoient faite pour estre la gloire de ce païs. Esprits desireux qui vous mirez dans les mignardises d'amour, et dont les aureilles delicates appetent une douceur de bien dire, qui porte sur l'air des paroles, les ames qui se laissent desrober aux beaux discours, n'ayez point peur que ce commencement soit recouvert des beaux artifices de l'eloquence pour vous surprendre. Les amours des bergers sont naifs, leurs souspirs ressentant la premiere simplicité, sont nuds, et leur devis, qui representent le vray de leurs courages sont tout simples : aussi l'amour n'estoit point tant retiré d'entr'eux que par fois n'y soit tresnaïfvement, comme souvent nostre belle bergere le chante :

CHANSON.

Tousjours amour ne se tire
Es maisons, où Palais des Rois
Car souvent son humeur l'attire,
Aux prez, aux costaux, et aux bois.

Il cherche les lieux volontaires,
Soit aux champs, ou soit aux citez,
Aux communs comme aux solitaires,
Il va fuyant ses libertez.

Des Damoiselles et Bergeres,
Pour logis il choisit les yeux,
Et de là ses flesches legeres
Blessent les cœurs en divers lieux.

Et ce pendant c'est Amour mesme
Qui triomphe dessus tout cœur,

Et quelque sujet que l'on ayme :
On sent sa grace, ou sa rigueur.

Pourtant les Bergeres et Dames,
Font sentir à leurs serviteurs,
Et sentent de l'amour les flames,
En mesmes plaisirs et douleurs.

Comme desja l'âge faisoit que Mauricette avoit en estime ce que l'on requiert des filles, elle commença à consulter avec l'artifice des bergeres, et toute jolie et propre de tendre aux cœurs, et amour pasteur logeant en ses beaux yeux blessoit tous ceux qui s'en approchoient, toute la contree n'estoit pleine que de souspirs, et l'emotion de l'air par une nouvelle avanture causee que de la force des regrets des bergers passionnez. Il se faisoit aux festes et jours d'assemblees des parties pastorales en faveur de ceste belle, qui estoit l'unique Deesse de tous ceux qu'elle vouloit vaincre. Elle estoit prisee, et recherchee, mais elle n'en fut point esmeuë, tant qu'une fois Amour, voulant tirer de l'obeïssance de celle qui commandoit avec trop de presomption, l'affligea pour les perfections d'Ourson, jeune berger, sien voisin qui sans soupçon et crainte, sans se douter des trahisons du donteur de vos cœurs, vivoit souvent familierement avec Mauricette. Ils alloient quelquefois à la fontaine ensemble, et il luy aydoit à porter sa cruche, leurs petits troupeaux qui demeuroient à la maison attendant le temps de parquer, alloient doucement paistre ensemble, et eux deux mescognoissans les flesches d'amour luy faisoient beau jeu, si qu'aisément il les blessa où il voulut, et ceste semence d'amitié qui estoit entr'eux venant à pousser excita un vif surjon d'amour qui les penetra vivement. Une fois qu'il estoit feste, et que toutes les filles estoient à dancer, Ourson, à qui l'amour avoit esmeu le cœur, chantant à son rang proposa ceste image de ses passions :

CHANSON.

Je ne sçay que j'ay au cœur,
Toute la nuict je souspire :
Je sens une vive ardeur
Qui sans cesse me martyre.
　　La bergere que je voy
　　Est cause de mon esmoy.

Le jour je suis tourmenté
De la rigueur de ma peine,
Sans cesse je suis tenté
Par une force inhumaine.
　　Une Bergere d'icy
　　Est cause de mon soucy.

Je pleure estant à part moy
Traverse de ma tristesse,
Et faudra comme je croy
Que je meure de detresse.
    Une Bergere d'honneur.
    Est cause de ma douleur.

Mon mal est si gracieux
Que bien content je l'endure,
Et si doux me sont ses yeux
Que j'en ayme la blessure.
    La Bergere de beauté
    Cause ma calamité.

Là estoit une bergere jolie au possible, et plus esveillee que belle, qui voyant à peu pres que Ourson adressa ses vœux à Mauricette, en devisant luy dit : Vous avez chanté une chanson toute nouvelle, Ourson, je vous prie, dictes nous qui l'a faicte.

OURSON. Belle Alison, vous me demandez ce que je ne vous puis dire ; il est bien vray que celuy qui me l'a apprise m'a fait sçavoir que c'est un berger qui est bien amouroux d'une bergere, laquelle est si belle que le jour n'est point plus beau, et ce berger là, a aymé ceste bergere dés son enfance, si que leur amour dure encor, et durera, et autre chose ne vous en puis je dire.

ALISON. Cognoissons-nous point ceste bergere et son berger ?

Ourson. Peut estre que vous les cognoissez, mais pour cela ne puis-je vous en dire d'avantage : aussi qu'il m'a juré qu'il ne veut pas descouvrir ainsi ses Amours, pource qu'il n'y auroit plus de plaisir.

Alison. Et dictes moy pourquoy cela.

Ourson. Et pourquoy me le demandez-vous? pensez-vous que j'en sçache tant? nul ne doit parler à personne que de ses propres amours.

Alison. Contez nous donc des vostres.

Ourson. Encore moins, car si c'estoit vous que j'aymasse, vous ne voudriez pas que je le die devant le monde, et si c'est une autre, et que je le vous die, elle en seroit faschee.

Alison. Vous estes bien fin Ourson.

Ourson. Mais vous estes bien plus fine, qui voulez sçavoir le secret d'autruy.

Mauricette estoit un peu alteree oyant ces propos, et commençoit à rougir, qui fut cause qu'elle les interrompit, afin de faire encor dancer aux chansons. Depuis ceste heure, Ourson n'avoit point veu Mauricette jusques au lendemain au soir qu'il la rencontra allant à la fontaine, et la force de l'amour ayant communiqué avec la jalousie, avoit imprimé je ne sçay quelle defiance au cœur de la belle, qui la rendit un peu rude à son Ourson, qui luy disant : Bon soir, Mauricette, où allez-vous ainsi seule? luy respondit : Je ne suis pas seule, vous estes à ceste heure avec moy; mais vous, que faisiez vous tout seul?

Ourson. Je ne suis pas seul aussi, ma belle bergere, je suis avec vous.

Mauricette. Vous aymeriez bien mieux estre avec Alison.

Ourson. Pourquoy me dictes vous cela, Mauricette? ne sçavez-vous pas bien que je vous ayme de tout mon cœur? avez-vous envie de me faire mourir? Enda, m'amie, vous me faictes grand tort.

Mauricette. Les bergers ont accoustumé de parler ainsi aux fillettes pour les abuser.

Ourson. Ne dictes point cela de moy je vous prie; je vous ayme trop; si j'ay parlé à quelqu'autre, ce n'est pas pour l'aymer. Mais voila que c'est, vous autres bergeres, avez une coustume de fascher ceux qui vous ayment; mais pourtant, faictes ce que vous voudrez, je ne me fascheray point.

Mauricette. Je vous prie, laissez moy.

Ourson. Vous faictes bien la mauvaise et la changee, Mauricette m'amie; ce n'est pas ainsi qu'il faut faire. Helas, que feray-je? plus vous me voyez amoureux de vous et moins vous faites comte de moy.

Mauricette. Ourson, je vous prie me laisser

aller et passer outre, car si ma mere me voyoit, elle me tanceroit.

Ourson. Adieu, Mauricette la bergere, que j'ayme le plus de ce monde, et qui a ceste heure, m'en recompense si mal que je sçay bien que j'en mourray de regret. Helas ! pauvre berger que je suis, que je fus mal-heureux quand je te vey ! las, tu me faisois si beau semblant, et à ceste heure tu fais la revesche : la voyla, elle s'en va par despit de moy; je voudrois n'avoir jamais esté, puis qu'elle est ainsi changee, je ne sçay penser d'où vient cecy, sinon que c'est mon mal-heur dont je pleureray tant, qu'à la fin j'en assecheray si fort que j'en trespasseray.

Le desolé pasteur tira plusieurs jours en langueur la tristesse qui le minoit, et plein de regrets faisoit redire ses lamentations par tout où il rencontroit ceste importune voix qui le rapporte tout, ce que l'on ne cele point. Et ce pendant sa miserable amante qui se forçoit soy-mesme à son mal-heur, se destournant de son bien, estoit trop plus cruelle à soy-mesme qu'à son triste Berger, qui la recherche, et elle le fuit, bien qu'il soit le sujet qu'elle desire : Mais son amour qui la mettoit en deffiance, luy en fait ainsi user, pour esprouver si la constance habilee en pastourelle sera jointe à Ourson. Certainement, elle estoit fort affligee, et la jalousie l'inquietant luy faisoit faire de beaux discours. Elle fut si persecutee de son propre tourment, qu'elle en devient triste et melancolique. Et les bergeres ses amies qui avoient accoustumé d'estre ses familieres, ne sçavoient qu'elle devenoit, dont elles eurent si grande douleur, et en porterent tel desplaisir, que aux soirs leur cœur ne chantoit que d'elle, en la plaignant, et encores à certains jours les filles chantent ainsi pour dancer, en souvenance de l'affliction de ceste beauté :

CHANSON.

Nostre plus belle Bergere
Retire de nous ses yeux,
Comme une biche legere
Nous va fuyant en tous lieux.

Quand elle est à la fontaine
Elle ne fait que pleurer,
Par tout on la voit en peine
Regretter et souspirer.

Si elle est sur la montaigne
Tout haut elle se plaindra,
Si elle est par la campagne
En pleurant lamentera.

En menant son troupeau paistre
Elle se fond toute en pleurs,

Et tousjours elle veut estre
Seule avec ses douleurs

Aux festes tandis qu'on dance
De la troupe elle depart,
Et monstre à sa contenance
Qu'elle a l'esprit autre part.

Sans cesse elle se lamente,
Et s'afflige nuict et jour,
On ne sçait qui la tourmente
Si ce n'est le mal d'Amour.

La tristesse et l'amour, gouvernoit ces deux amans, et leurs actions diverses avoient une mesme cause. En fin, Mauricette, sentant en son cœur ceste pointe si violente à laquelle elle vouloit resister, et ne pouvoit, recognoissant l'injustice dont elle usoit, tant sur soy que sur son fidelle Ourson, delibera de changer ses façons, et attendre ce qui adviendroit; d'autre part le desconforté Ourson ne sçachant comment aborder sa Bergere perissoit sur pieds; ses desdains tant frais estoient encores tous en son ame; son changement si apparent le desesperoit, et tout ennuyé se perdoit de douleur, et n'osant rien entreprendre trainoit sa vie et sa tristesse par un mesme sentier tendant à la mort, qui luy estoit toute certaine, et qui s'appareilloit de le surprendre, sans qu'un matin ainsi qu'il alloit selon la coustume apres son desolé troupeau, il rencontre Mauricette filant sa quenoüille, et chassant devant soy une jeune jenisse. La voyant sans user de ses façons accoustumees, et cognoissant bien qu'elle l'avoit apperceu, et que pour cela elle n'avoit point prins la fuitte comme trop de fois quand il s'approchoit, ne sçeut que penser, et ne pouvoit estimer que ce fust elle; toutefois prenant l'occasion qui luy offroit tant d'apparence de vie, l'accostant humblement, luy dit : Dieu vous gard, belle Mauricette; ne trouverez-vous point mauvais si je parle à vous?

MAURICETTE. Ha ! Ourson, vous estes doncques icy, et qu'y venez-vous faire si matin?

OURSON. Je ne me puis tenir en la maison, je viens icy pour me des-ennuyer.

MAURICETTE. Et quel ennuy avez-vous?

OURSON. Je ne sçay si je le vous oserois dire : car si je vous dis quelque chose qui tant soit peu ne soit à vostre gré, vous me ferez pis que devant, et fuirez comme une biche.

MAURICETTE. Pourveu que vous ne disiez rien de mauvais, je ne m'en iray point.

OURSON. Helas! m'amie, il n'y a rien qui ne soit mauvais pour moy, puis que vous me fuyez ainsi que vous avez tousjours fait.

Mauricette. Je ne l'ay pas fait sans cause, c'a esté de peur de des-honneur.

Ourson. Et qui vous deshonoreroit? personne ne vous sçauroit blasmer de ce que je vous ayme. Et je vous prie, belle Bergere, changez ceste pauvre sorte d'amour, ou bien si vous continuez, j'avise pour me consoler quand je n'en pourray plus.

Mauricette. Ourson, mon amy, ne le prenez point en mal, je vous diray ce que je pense. Entre vous, Bergers, vous faictes semblant de nous aymer, afin que nous vous aymions, puis apres, quand vous voyez que vous avez ceste authorité sur nous, vous en faictes vos contes entre les autres, et vous en mocquez.

Ourson. Or, çà que c'est de penser mal à propos, tout cela est bien autrement de ce que je fay, et je vous jure, Mauricette, que j'aymerois mieux estre mort, que faire ce que vous dictes; essayez moy tant qu'il vous plaira, et si vous cognoissez que je ne vous ayme loyalement, ne m'aimez point. Mais voyez-vous, par ma foy, je vous ayme tant et si fort qu'il n'est pas possible que vous je puisse tromper.

Mauricette. Mais, si vous me trompez, qui m'en fera raison ?

Ourson. Ce sera la mort : car je mourray

plustost que cela advienne, et je le vous promets en bonne foy.

Mauricette. Il n'y a point de foy aux hommes d'aujourd'huy.

Ourson. Qu'en sçavez-vous? l'avez-vous essayé?

Mauricette. Non, mais je l'ay ouy dire.

Ourson. Ne croyez pas ce que les autres Bergeres disent : car ce qu'elles en font, est afin que les simples filles n'aiment point, et que seules elles soient aymees.

Mauricette. Bien, Ourson, c'est assez pour ceste heure; passez outre, je vous verray une autre fois.

Combien pensez-vous que ce temps leur durera? mesurez le à part vous, belles Nymphes, qui voulez revoir icy le pourtraict de vos amours, et si jamais quelqu'une de vous se trouve en telle peine, qu'elle conçoive son bien au prix du contentement de ces deux-cy, quand ils se trouveront. Ils n'avoient garde d'oublier les lieux où ils se pouvoient trouver, et ne laissoient passer aucun temps qui leur peust apporter une tant desiree commodité, puis, autant que l'honneur le permet et que la liberté conçoit de plaisir, ils s'en donnoient, et le reçoivent. Quelques delicieux baisers, image veritable du bon-heur, estoient amoureusement desrobez. Et, comme Ourson plus hardy vouloit continuer ces excellentes amorces d'amour, elle se faignoit un peu, et par un petit semblant, multiplioit les delices de leur contentement. Ils continuerent longuement en ce sentier de volupté, et tant que leur amour, que le soupçon avoit publié par tout, fut cogneu.

Mauricette est envoyce vers Glicere.

La mere de Mauricette, sçachant ces amours, ne les approuva pas, estimant la beauté de sa fille digne de plus que d'Ourson. Et, d'autant qu'elle craignoit que la violence de leur amour ne les fit passer les limites que les Dames veulent tant conserver, bien que leurs desirs soient de les passer avec honneur, elle s'advisa d'envoyer sa fille à une sienne cousine qui demouroit en Berry pres de la maison de Faramond, ce qui fut fait; et ainsi la belle Mauricette, laissant les lieux tant aimez, alla pour estre le jour d'une autre contree entre les pastourelles du païs. Que de plaintes, que de regrets, que de larmes, que de douces lamentations se pourroient recueillir qui seroit aupres de ces deux passionnez, ausquels on ravit la vie. Il n'y a rien eu jamais de pareil entre les Bergers; rien n'a esté de si piteux, et jamais Pasteur ne fut capable de souspirer si desolément, qu'il ait peu esgaler l'accent des plaintes de ceux-cy; aussi leur douleur importunément cruelle, estoit excessive. Quelque temps apres, l'impatience agittant Ourson, il delibera de mourir ou de voir sa Bergere, et s'advisa d'un moyen : le temps de parquer estoit pres, parquoy il parla à un sien amy tres intime, et luy ayant descouvert une partie de son intention, print party avec luy, ce qui pleust aux parens d'Ourson qui le temps venu s'en alla avec le pastre, où leur affaire les attiroit. Ourson ne demeura gueres à l'air, ains assuré des promesses de son amy, alla où estoit Mauricette, avec laquelle il confera de leurs amours. Il ne fut avec elle qu'un jour pource que l'honneur ne leur permettoit d'avantage d'aise, encor ce jour fut bien divisé, et trop de fois plus bref qu'il ne falloit à ces Amans. Ils s'entredonnerent fidelité, renouvellerent leurs anciennes alliances et sentirent un peu l'esclair des parfaites douceurs où l'on pretend : si l'honneur n'eut esté paysan, ils se fussent possible ingerez jusques au parfait plaisir : mais ils en demeurerent à ce terme, laissant leur bien sur l'aille d'esperance voler comme il pourra. Ourson retourné si content qu'il s'oublioit soy-mesme, revint vers son amy, puis retourna en sa maison. Ce pendant il avoit une jeune tante fort riche, et qui estoit mariee à un honneste laboureur, ceste jeune femme tomba malade, et advint qu'elle mourut sans enfans, laissant Ourson heritier des grands biens qu'elle avoit. Depuis il luy vint une autre succession, tellement qu'il estoit estimé le plus riche de la paroisse. Se trouvant en tant de commoditez, il oublia ses amours, et incité par ses parens, mit sous pieds les sermens de sa fidelité, et espousa une jeune fille assez belle, mais beaucoup de fois plus riche que Mauricette, et fut avec elle quelque temps sans que Mauricette en sçeut rien, laquelle s'appuyant en sa promesse, attendoit qu'il luy fit sçavoir de ses nouvelles, sans s'en enquester en façon quelconque, pource qu'ainsi avoient ils accordé ensemble. Mais, comme le temps met tout en evidence et que le terme promis estoit trop passé, elle qui vouloit avoir le cœur esclarcy, fit tant qu'elle sceut ce qui en estoit. Si toute Bergere qu'elle estoit elle n'eut accosté, la constance avec laquelle, durant ses amours, elle avoit fait quelque pratique, elle se fut ruinee d'ennuis et de regrets. Mais dequoy te serviront tes plaintes, belle Bergere? tes passions t'ont trompee, tu es decheute de la gloire que tu esperois, pensant en ce perfide Berger qui t'avoit juré que veritablement t'aimeroit et qui n'a pas esté fidele, comme tu es, vivras-tu contente? tu ne sçaurois, ta douleur te surmonte, il faut que tu donnes air à tes souspirs. Les Bergeres ont un cœur, elles ont une ame susceptible de belles et heureuses formes, et pource elles ont les mesmes conceptions que les Nymphes, encores qu'elles ne les expriment pas avec tant de douceurs, comme elles les savourent. Ceste triste Bergere entre autres avoit fait une amie qui desja estoit d'âge, laquelle appercevant à ses yeux, pour n'y voir la serenité ordinaire, qu'elle avoit quelque douleur, l'en interrogea. Ha! Sibile, m'amie, luy dit Mauricette, puis que nostre amitié nous a conjointes afin que nos cœurs fussent ouverts l'une à l'autre, je te diray mon desconfort : le malicieux Ourson à qui j'avois permis de posseder mon cœur, m'a laschement trahie, il a fait autre amie, et qui pis est, pour m'oster tout espoir, s'est marié. Helas, pauvre moy, que seray-je infortunee Bergere? Desloyal Ourson, je t'avois tant mis devant les yeux la desloyauté naturelle des Bergers, tu t'en excusois. Lasche que tu es, tu te devois contenter de m'avoir veuë en peine pour ton amour, sans en fin me laisser ne t'en ayant donné aucune occasion. O Dieu ! que je fus mal-heureuse quand je me remis à te hanter, et toy cauteleux quand tu sçavois si bien farder tes actions. Ha ! ma Sibile m'amie, il faut que je meure, et que laissant aller ma vie apres ma peine, que je ne sois plus, puis que celuy qui estoit mon esperance veut que je meure.

SIBILE. Appaise toy, m'amie, il ne faut pas te desconforter pour ce qui est fait ; pense-tu par tes pleurs faire que cela qu'il a fait ne soit? Non, non, ma fillette, advise à te resjoüir, et puis qu'il t'a oubliee de n'en faire conte, afin qu'il n'ait point cela dessus toy, que tu sois faschee pour luy; vois-tu, il t'a fait despit, et pour luy en faire, il faut ne s'en point soucier.

MAURICETTE. Ha ! que tu dis bien ; si tu estois amoureuse comme moy, tu ne pourrois dire ainsi. Mais bien afin que je ne te fasche, je feray si bien qu'il n'y paroistra point : et ce pendant en despit de luy et de moy-mesme, pour me faire souvenir qu'il faut estre sage, je pleureray pour me consoler, et si je chante quelque fois, je diray :

Il n'est rien de si leger
Que les amours d'un berger.

J'estois heureuse et contente,
Alors que rien je n'aimois,
Maintenant je me tourmente

Sçachant ce que je craignois.
  Il n'est rien.

Je voulois passer ma vie,
Loin des yeux de mon pasteur,
Qui d'une trompeuse envie
A seduit mon jeune cœur.
  Il n'est rien.

Je ne voulois point entendre
Aux vœux de son amitié,
Mais il me sçeut bien surprendre
Et avoir de luy pitié.
  Il n'est rien.

Je l'aimois comme mon ame,
Il m'avoit juré sa foy,
J'estois son unique Dame,
Je l'aimois autant que moy.
  Il n'est rien.

Il m'appelloit sa maistresse,
Que tousjours il aymeroit,
Me nommant ceste Deesse
Qu'en son cœur il adoroit.
  Il n'est rien.

Mais ses vœux et ma presence
Ont pris un semblable cours,
Il a mis en oubliance
Sa foy comme ses amours.
  Il n'est rien.

C'est fait, il se faut distraire,
Sans plus jamais y penser,
Mais ô Berger temeraire
Tu ne devois m'offencer.
  Il n'est rien.

Je pardonne à ta folie,
Si donc tu peux, vis contant,
Tandis que ma triste vie
S'escoulera lamentant,
  Il n'est rien, etc.

SIBILE. Voire, mais, ma mignonne, regardez ce que vous faictes en chantant cecy, vous mettez en avant vos amours : qu'est-ce que l'on en dira ?

MAURICETTE. On dira que je suis une triste Bergere seduite par un trompeur Berger, qui a fait semblant de m'aimer, et tout d'un coup m'a laissee là. Pensez-vous, m'amie, que je n'en aye pas grand despit? il faudroit estre une pierre, encore, je croy que l'on se sentiroit de ce mal, tant il est grand.

SIBILE. Vous avez beau faire, c'en est fait.

MAURICETTE. Il est vray, je le sçay bien, et que je suis bien folle : mais, puis que ma folie est commencee, il la faut achever, afin puis apres de devenir sage.

SIBILE. Vous ne disiez pas tantost ainsi.

MAURICETTE. Sçavez-vous pas bien que je ne

sçay que je dis ni que je fay? Il faut que peu à peu j'apprenne à devenir sage par vostre conseil.

Voyla ceste pauvre Bergere persecutee estrangement, et qui a ressenty les differens effets de la rigueur, de la jalousie, de la pointe d'amour et de la violence du despit. Jalouse, elle a souspiré son ennuy par tous les lieux qui luy pouvoient apporter quelque souvenance de la source de ces desirs, et lors qu'amour luy a donné trefves de ceste guerre, et a voulu voleter en son cœur, elle a conduit ses plus affectionnez passions és lieux qui par leur apparence sont les plus propres à estre tesmoins des plaintes, et discours que l'on fait apres les plus agreables imaginations de ses contentemens. Puis encor toute navree, et ses playes toutes nouvelles, ayant sçeu le cruel affront que son Berger luy a fait, elle a donné à ses regrets, et tant piteusement lamenté, que la mort qui estoit survenuë pour l'achever en a eu si grande pitié qu'elle en est presque morte. Ha! cruauté des destinees, faut-il qu'une tant belle Bergere si succeptible de belles passions, tant accomplie entre les pastourelles, soit ainsi travaillee des plus determinez effets de toute calamité. Certes à la fin si vous ne prenez garde aux fortunes, vous qui pensez tousjours joüer de nous, vous y perdrez : car voyant que vous et vos complices persecutez ordinairement les ames plus belles, et accomplies, on tiendra pour tout vray, et certain, que vous estes la difformité de l'Univers, le deshonneur de tout, et l'imperfection mesme, veu qu'il n'y a point d'apparence de reduire à tant de desolations, ce qui merite tout contentement, et ordinairement favoriser les sujets qui sont les dignes objets de vos desloyautez.

Tu vois icy Amour assisté de Bergeres
Escrire les destins des Bergers mal-heureux
Ce Dieu dicte leurs faits, puis en sont messageres
Et font de Janeton Perrot estre amoureux :
Ou sans nul contredit il les font rire ensemble
Et joüer les beaux jeux ainsi que bon leur semble.

LES AMOURS RUSTIQUES

DE

PERROT ET JEANETON.

PErrot et Jeaneton estoient sis à l'ombrage
D'un chesne bien muny de gland et de feuillage
Tandis que çà et là leur bestail gracelet
Tondoit des prez rians le reguain nouvellet :
Quand Perrot agité d'amoureuses secousses
Baisoit de Jeaneton les belles levres douces
Luy disant : Jeaneton, mon cœur, mon amitié,
Ne veux-tu point avoir de moy quelque pitié ?
Je meurs pour aymer trop ta face gracieuse,
Toutefois de mon mal tu n'es point soucieuse.
Penses-tu qu'un baiser puisse en rien soulager
Ceste amoureuse ardeur qui me fait enrager ?
Au contraire, mon tout, car la douceur extresme
De ta bouche emmusquee augmente dans moymesme
Mon desir amoureux, et plus aspre le rend.
Que de tes doux baisers le Nectar est friand !
Ou ne me baise plus ou permet que je touche
Aussi facilement autre part qu'a ta bouche.

Tu sçais quelle partie je desire toucher
Je ne t'en daignerois d'avantage prescher.

Mais regarde comment ceste beste folastre
De mille dous regards son amant idolastre,
Voy comme ore de l'aile et ore de ses yeux
Elle excite à l'amour son amy gracieux,
Qui pour la contenter, à petits bransles d'aille
Se cale en un instant mille fois dessus elle.
Voy comme à l'ombre frais de ce ronceux halier
Une de tes brebis mignarde mon belier
Et comme en cent façons pleines de mignardise
Dedans son estomac le feu d'amour attise :
Voy au plus bas des airs les cornus papillons
Branlant deça delà leurs beaux esvantillons
Se requerir d'Amour : voy mesme ces fleurettes
Ces arbres, ces forests sont pleines d'amourettes :
Tout s'eschauffe d'amour, tout en est allumé,
Et brief rien ne se void qui n'en soit animé.

Ma belle Jeaneton, ne me sois point farouche,
Permets que sur ce pré doucement je te couche;
Tes baisers m'ont si fort allumé de l'amour
Qu'il me faudra mourir, si je passe ce jour,
Ce jour non seulement, mais ceste heure coulante
Si couché sur ton sein mon ardeur je n'allente :
Je n'ay nerf dessus moy, ny veine, ny tendon
Que ton œil n'ait remply du feu de Cupidon :
Je suis un Mont-Gibel, un Vezuve, un Lipare
Qui brusle incessamment pour ta beauté si rare.
Mes pleurs ne peuvent rien contre mon feu trop vif,

Plus je pleure dessus, et plus se rend actif,
Semblable à celuy là qui flambe en la fournaise,
D'un nerveux Mareschal, qui d'autant moins appaise
Sa violente ardeur qu'on luy jette de l'eau
Emblant à son contraire un pouvoir tout nouveau.

Rien ne peut amortir ceste amoureuse flame
Qui brusle incessamment, et mon cœur et mon ame.
Qu'un doux recollement, qu'un plaisir mutuel
Prins reciproquement en l'amoureux duel.
Donc, ma Nymphe aux yeux doux, si tu as quelque envie
D'allonger à Perrot les trames de la vie
Venons à ce duel sans tarder plus long-temps :
Les duels amoureux ne sont que passe-temps.

JEANETON.

Perrot je t'ayme tant, que si la Parque dure
Te tuoit pour le mal qu'en m'aymant tu endure,
Je mourrois à l'instant pour te suivre là bas
Car de vivre sans toy Jeaneton ne peut pas
L'amour et la pitié me forcent de te plaire,
Mais la loy de l'honneur me deffend le contraire.
Tu as deux champions qui combattent pour toy
Et je n'ay que l'honneur qui combatte pour moy.
Pourray-je resister n'estant favorisee
Que de la loy d'honneur qui est tant mesprisee ?
D'entreprendre seulette un combat contre deux,
Ce seroit un danger pour moy trop hazardeux.
Mais changeons de propos, et m'aprens, je te prie,
Cet amoureux duel sans nulle pipperie,
Car de tromper celuy qui ne songe en nul mal

C'est estre plus meschant qu'un sauvage animal.
Ha! mon Dieu, que fais-tu? quoy Perrot, tu me trousse!

PERROT.

Jeaneton mon amour, de ce ne te courrouce.

JEANETON.

Oste ta main de là, et me laisse en repos.

PERROT.

Jamais un brave chien n'abandonne son os.

JEANETON.

Est-ce là le duel que tu me veux apprendre.

PERROT.

Ouy, ce l'est, Jeaneton, et pense à te deffendre.

JEANETON.

Je ne sçaurois m'ayder estant ainsi sous toy.

PERROT.

Tu es de la façon bien plus forte que moy :
On dit communement que de femme couchee
Ou entre les linceux ou dessus la jonchee
Et que d'un tronc de bois eslevé tout debout.
On n'en peut jamais voir ny la fin ny le bout.

JEANETON.

Que sentay-je, ô bon Dieu. Ha! Perrot, je me pâme!

PERROT.

Je m'en vais en trois coups te donner un autre âme.

JEANETON.

Ha! quelle âme, Perrot : ranimes tu ainsi!

PERROT.

Si je t'ay fait du mal, je t'en requiers mercy.

JEANETON.

Tu ne m'as pas fait mal : je me plains de ta ruse.

PERROT.

Toute offence en amour facillement s'excuse.

JEANETON.

Si j'ay donc offencé en t'aimant, c'est tout un.

PERROT.

Ouy dea : on ne t'en peut donner reproche aucun.

JEANETON.

S'il est ainsi Perrot, recommence la feste.

PERROT.

Je le veux, Jeaneton.

JEANETON.

Mais non Perrot, arreste.
J'entends je ne sçay quoy derriere ces buissons.

PERROT.

Hé! Dieu, ne vois-tu pas que ce sont deux Pinçons
Qui forcenez d'amour suivent par ces ramees
D'un vol entre-rompu leurs dames emplumees ?

JEANETON.

Hé ! bon Dieu, je me meurs ?

PERROT.

Ha, je me meurs aussi.

JEANETON.

Qu'on mourroit doucement, si on mouroit ainsi.
De telle mort jamais je ne serois saoulee.

PERROT.

Je te veux donc encor tremper une esculee :

JEANETON.

Courage, mon Perrot.

PERROT.

Courage, Jeaneton.

JEANETON.

Tien, pour te mettre en goust, baise moy le teton.

PERROT

A l'homme d'appetit, il ne faut point de saulce.

JEANETON.

Le genereux cheval ne devient jamais rosse

PERROT.

Penses-tu qu'en ce jeu mes membres soyent lassez?

JEANETON.

Fais le donc jusqu'à tant que je te die assez.

PERROT.

Comment le diras-tu, quand tu perds la parolle
Lors que dans ta moitié ma moitié je recolle?
Plustost le gay Printemps se soulleroit de fleurs,
L'Hyver de ses frimas, l'Esté de ses chaleurs

Qu'une femme d'amour : Jeaneton, je te prie,
A quelque temps d'icy remettons la partie

Ainsi ces deux Amans se leverent de là
Et chacun d'eux contant au logis s'en alla.

FIN DES AMOURS RUSTIQUES.

Voylà Sandrin venu ; faicte luy bonne chere,
Il est de verd vestu en folastre garson :
Villageois de Beauval, retirez-vous arriere,
Car il vient vous braver le jour de sainct Sanson.

LA FESTE

ET

DANCE DE VILLAGE

CE pendant qu'à Beauval la fermiere soigneuse
Pour bien nous festoyer ne reste paresseuse
A tenir nettement haut et bas sa maison,
Car le jour ensuyvant est le jour sainct Sanson :
Ains, sans rien emprunter d'une maison voisine,
Fournit de bancs sa sale et de mets sa cuisine,
Et courant çà et là, les bras à demy nuds,
Tire du poulailler les chappons retenus.
Dela les gras cochons sont tirez de la tette,
Que pourneant grondant la grande truie regrette :
D'autre costé l'on va choisir le gras agneau
Cabriollant à bonds au milieu du troupeau,
Ne pensant la pauvrette, et innocente beste

Au desastre prochain qui menace sa teste.
Chacun est empesché : l'un d'un tranchant cousteau
Va faisant des lardons, un autre met dans l'eau
Le chappon esgorgé, pour oster plus à l'aise
La plume d'alentour, un autre, or' sur la braise
Fait le gibier refaire, ores d'un dos courbé
Releve ce qui est dans les cendres tombé.

Doncques le jour venu, pour tenir la promesse
Qu'avions fait à Pierrot, nous allons à la Messe :
En chemin nous trouvons le bon homme fermier,
Qui visitant ses bleds, comme il est coustumier,
(Ses heures en la main) deploroit le dommage
Que trois jours paravant luy avoit fait l'orage.

Le beau manteau tanné fait à double rebras
Luy cachoit les genoux, et luy couvroit les bras :
Sa jaquette de mesme, et la grosse brayette
Noüee çà et là d'une double esguillette:
Le bonnet rouge en teste, et dessus le bouquet
Bien joliment tissu de thim, et de muguet :
Il avoit au costé vieillement composee
La gibsiere de cuir, d'y foüiller toute usee,
La baguette à la main : d'une telle façon
Marchoit le bon Pierrot le jour de sainct Sanson :
Un enfant de quatre ans avecq' qui il caquette,
Cheminant se pendoit au pan de sa jaquette.

Bon jour (dict-il) messieurs, je vous ay bien cogneus
Aussi tost qu'aperceu, vous soyez bien venus :
Je ne vous ay prié de venir à la feste

Pour estre bien traictez, mais pour le moins il reste
Dans ce vieil corps cassé un cœur gay, et entier,
Un visage non feint dont vous veux festoïer.

Ainsi le bon Pierrot, qui son cœur ne desguise,
Librement du passé, et au vray nous devise,
Qu'il avoit quarante ans quand il fut espousé,
Sa femme vingt-et-huict, comm' il fut baptisé [mes
L'an mil cinq cens et un, qu'en ce temps les gens d'ar-
N'estonnoient le fermier, qu'alors estoient les armes
Enroüillees par tout, et que des morions
Et des vieils corselets on faisoit des chaudrons :
Que seurement aux champs le berger menoit paistre
Son troupeau camuset par le païs champaistre :
Qu'aux champs le Laboureur n'estoit point arresté,
Voyant devant ses yeux le soldat arresté
Le poignard en la main, le sang Dieu en la bouche
Avec un traistre cœur, et un regard farouche,
Sa gorge menassant, pour tirer à la fois
Deux chevaux astelez du milieu du harnois :
Qu'alors l'or ny l'argent n'estoient point en usage,
Pour parer esmaillé des dames le visage :
Le velours, le satin se voyoient rarement,
Sinon qu'aux grands seigneurs, qu'on voyoit seulement
De cela s'abiller : qu'on ne voyoit à l'heure
Le mignon pour s'orner engager sa demeure,
Et tout son heritage : On ne voyoit aussi,
Que la Dame de Court eust de cela soucy
Qui rajeunit le front, deride le visage,
Ny de ce qui durcit les tetins d'avantage.
Qu'ore ell' portent au front d'un et d'autre costé

Des aisles, seur tesmoin de leur legereté :
Prodiguement monstrant (ô chose inusitée)
Tout leur sein rehaussé par quelque art inventée.
Ainsi, le bon Pierrot au Temple nous menoit,
Et regretant le temps, ces comptes nous faisoit.

Nous entrons en l'Eglise, où chacun prend sa place.
La Messe nous oyons laquelle se dict basse
Estant dicte sortons en la place, où bien haut
Verdissant s'eslevoit un bragard eschaffaut
Sur l'orme du carfour, que les vallets de feste
Avoient là fait dresser, pour rendre plus honneste
L'endroit, et pour loger les joüeurs d'instrument,
A fin qu'ils soient à l'aise et plus commodement.
A l'entour nous voyons remplie d'alaigresse
Folastrer et joüer la petite jeunesse,
Qui feroit volontiers le Soleil advancer,
A fin que l'heure fust que l'on doit commencer.

La fille ce pendant qui doit avoir la dance,
Impatiente ailleurs qu'à la dance ne pense,
Et voudroit bien aussi que chacun eust disné,
Afin que le vallet aux dances l'eust mené :
Seulette se voyant soigneuse elle regarde,
Afin qu'elle soit propre, et gentille et bragarde
Souvent elle se mire, et fraise son collet
Puis Jean vient la servir, qui se dit son vallet.

Pendant nous en allons (attendans la grand Messe)
Des-jeuner à Beau-val où la nappe se dresse
De linge blanc et fin : là se met le jambon,
Le pasté de Giblet, basti à la façon

De la femme à Pierrot, qui est sans mocquerie
Sur tous les pasticiers nette en pasticerie.

Le pasté de Chevreil qu'avions fait apporter,
Ouvert nous fait à tous envie d'en taster :
Chacun sur le vin blanc : mais pour boire à la troupe,
Pleine jusques au bord Pierrot pren une coupe
Dont il vuide le fonds : or, voyez à ce coup,
(Dict-il) que je vous ayme, et respecte beaucoup,

Les cloches ce pendant commencent à sonner,
Et le gros carillon semond de retourner
Les bons paroissiens, qui vuides de paresse
Ne veullent à ce jour faillir à la grand Messe.
Lors nous sortons de table, et retournons au lieu
Où chacun s'assembloit pour servir à son Dieu.
Nous entrons dans le chœur et prenons nostre place
A costé du letrin ; messire Boniface,
Qui pour un villageois n'est nullement lourdaut,
Debat à toute fin que nous montions plus haut :
L'eau beniste apres ce fait : messire Ambroise
En asperge l'autel, que sagement il baise :
Puis tournant à l'entour de la nef et du chœur,
En donne à un chacun, qui luy porte l'honneur
Deu à un bon Curé par quelque reverence :
Puis passe, et vers le chœur religieux s'advance.
Pierrot vient ce pendant vis-à-vis du lettrain,
En chantant hautement le reste met en trin :
Son grand fils prend la chappe avecque le Vicaire,
Et commence à chanter comme bien il sçait faire,
Ce pendant qu'au clocher d'un carillonnant son
On monstre aux environs qu'il est la sainct Sanson.

La Messe dicte on sort, mais toute la premiere
Sort d'un pas diligent la soigneuse fermiere :
Chacun est de traicter ses amis soucieux.
Sanson court d'un costé, Pierrot n'est paresseux,
Ains d'un habile pas monstre qu'il a envie
De faire bonne chere à nostre compagnie.

Arrivez à Beau-val nous hastons le disner,
Pour aussi tost apres aux dances retourner
Nous montons à la chambre, où la verde fueillee
Est mise tout autour, bonne herbe bien meslee
Sur l'aire se respand, rendant une senteur
Qui resjoüit le nez, et conforte le cœur.
D'une nappe de lin gentiment ouvragee
Ja la table est couverte, et proprement rangee
La serviette autour ; dessus, le gras jambon
De saulge, et de laurier lardé, se trouve bon
Par ceux qui n'avoient pas (estant de la paroisse)
Voulu manger devant que d'ouyr la grand Messe.
Tous les cousins venus on apporte à manger,
Lors chacun apres nous autour se vient ranger
De la table garnie, et Pierrot qui ordonne
Chacun selon son rang, le bout d'en haut nous donne.

Le frere de Pierrot, bon-homme tout cassé,
Conte fidelement des faits du temps passé
Comme il a veu le sep, courber dessous sa charge,
Portant la grappe aux flancs, et vineuse et bien large,
Et l'espy blondissant en si grande foison
Que presque on ne tenoit conte de la moisson :
Qu'on brusloit l'heretique, et que la vierge Astree
Sans retourner au ciel bien-heuroit la contree :

Libre parmy les champs le berger s'en alloit,
Et le vacher en paix ses troupeaux conduisoit,
Sans craindre nullement que l'inique gendarme
Le matin ou le soir luy vint livrer l'alarme
Phlippot vivoit heureux, et en toute saison,
La paix et le repos estoient en sa maison.
Mais depuis (ce dit-il) qu'on a veu nostre France
Vouloir changer de foy, de Roy, par l'arrogance
De cinq ou six galeux, qui par sermons nouveaux,
Ont gasté la plus part de nos François troupeaux,
Depuis qu'ambition, et depuis qu'avarice
Croissans tousjours leurs feux (vraye source du vice)
Ont gaigné les plus grands, et ruiné les petits,
Frustez d'un doux repos pour leurs seuls appetits :
Qui ores mendiants loing du fer, et des flammes
N'ont rien de demeurant que leurs fils et leurs femmes,
Qui pour un humble toict enclos en petit lieu
Ont un buisson pour giste, ou bien un hostel-Dieu
Depuis que l'estranger d'inventions nouvelles,
Cherche impost sur impost, gabelles sur gabelles,
Et qu'aux despens du peuple il bastit à nos yeux
Des Palais eslevez d'un front audacieux.
Depuis que profanans les devotes Eglises,
Sous ombre qu'en beau lieu ils nous semblent assises,
De dedans nous tirons ce qu'un Roy fondateur
Poussé d'nn sainct desir voüoit au Createur,
Pour y faire bastir (merveilleuse arrogance !)
Au lieu d'un temple sainct un Chastean de plaisance
Depuis que la justice a desbendé ses yeux,
Et donné sa faveur au plus pecunieux,
Et qu'en tournant le dos au pauvre païsant

Est aveugle en son droict, et suit le plus puissant :
Depuis que par les champs le soldat court à rage,
Qui sans peur, sans pitié, le laboureur ravage,
Sans s'esmouvoir du cry que le petit enfant
Jette pour sa fureur qui le rend gemissant,
Et sans respecter Dieu, les loix, ny la justice
Font de vice vertu, et de vertu font vice :
Nous voyons jour en jour la France renverser,
Et sans dessus dessous quasi boulleverser.
Ainsi disoit Phlippot, et sa femme Pasquette,
Tout ainsi comme luy le temps passé regrette.

En ce pendant, voicy avec deux violons,
Dedans la chambre entrez deux jeunes compagnons
En leurs gallards habits, qui avec leur livree
Presentent à nous tous mainte targe doree,
Pour recevoir au lieu (bon changement pour eux)
Le teston quelquefois, et quelquefois les deux.
Puis, pour donner plaisir à toute la brigade,
Le plus dispos des deux voltige une gaillarde :
Cependant le bassin resonne clairement
De l'argent qu'on y met : puis pour honnestement
Sortir de la maison, l'un et l'autre s'advance
Des gaillards valletons, honorans d'une dance
La fille de Pierrot : puis ayans fait le tour
De la table trois fois nous donne le bon jour.

Prest à dancer, l'un deux prend une serviette
La plus fine qu'il peut pour conduire Janette
Fille du bon Phlipot, à qui saute le cœur
D'avoir du premier bransle, et le prix, et l'honneur :
Bien souvent souhaittant ceste douce journee,

Qu'elle devoit ainsi en dance estre menee.

A tant sont au logis où la belle attendoit,
Qui d'un beau couvrechef sa belle teste ornoit,
Son col d'un collet fin, d'argentine ferrure
Environnoit ses flancs, une belle ceinture,
Où bourse et peloton, pendilloient d'un costé,
Bel ouvrage de Caen : de taftas camloté.
Son devanteau reluit, et sa robbe bien faicte
La rend pour villageoise, et gentille et parfaicte :
D'un teinct cler et brunet est son visage beau :
Les yeux noirs et rians, qui tousjours de nouveau
Font quelqu'un amoureu, la joüe vermeillette,
La levre de corail, dessous meinte perlette
Esgalement rangee, et ce mont jumelet
S'eslevant de nouveau repousse son collet,
Alors qu'elle respire. Ainsi marche la belle,
Et suit à petits pas le beau fils qui l'appelle,
Prenant le linge beau, pour aller à l'endroit
Où le peuple assemblé desireux attendoit
Qu'on commençast le bransle. Au milieu de la place,
A un rameau fueillu pendent de bonne grace
Les joyaux desdiez, miroirs, bourses, plotons,
Gans, jartieres, lacets, ceintures et cordons,
Et l'escharpe pour cil, qui natif du village,
Dancera plus dispost, plus gaillard, et plus sage :
Maint' paire de cousteaux, maint panache gallant,
Où d'orfroye ou d'austruche en l'air va bavolant.

A tant sur l'eschaffaut la musique commence
De quatre bons haut bois qui animent la dance :

Premierement Claudin marchant de gravité,
D'une cadence juste, et d'un pas limité,
Suit le son qu'il entend, et la belle fillette
Honteuse, vient apres d'une grace simplette.
Thibaud, second vallet, d'assez bonne façon,
Va prendre par la main la fille de Sanson :

Puis Sanson Raulequin Michelette va prendre
Fille du bon Pierrot, qui joyeux la va rendre
Au troisiesme degré, apres suit Guillemin,
Qui prend reveremment Pasquette par la main

Fille aussi de Pierrot : apres Gaillard s'advance
Et meine sa maistresse au milieu de la dance.

A tant vient la jeunesse, un chacun peu à peu
Se mettant en la dance environne le lieu :
Là Phlippin amoureux d'une jeune fillette,
Devant elle, lourdaut, en l'air les jambes jette
Sans suivre la cadance, aussi n'avoit-il pas
Comme Claudin apris à faire les cinq pas :
Il brave toutesfois, et mal-habille pense
Qu'au Village il n'y a, ny en toute la dance
Qui face mieux que luy : un autre glorieux,
Sandrin, fils de Guibert, cuide dancer le mieux,
Qui venu de Paris au Sainct de son Village,
(Où son Pere l'avoit mené pour estre sage)
Au lieu d'estudier alloit le temps passer
Dessus maistre François pour apprendre à dancer.

Des villages prochains ores vient la jeunesse,
Qui augmente la dance, et ensemble la presse :
Et les filles qui sont desireuses de voir,
De trois et quatre lieuës viennent à grand pouvoir
Et les pitauts garçons, qui discrets les conduisent,
En terme villageois avec elles devisent.

Ce pendant le cornet hautement esclatant
En cent mille fredons sonne, et va chiquetant
Le bransle solennel : lors pleine d'alaigresse
Se remet à dancer la disposte jeunesse :
Mais entre tous on void au milieu du carfour
Les quatre valletons reluire tout autour
D'un satin blanc vestus, qui l'honneur de la dance

Suivent mieux que pas un, le son et la cadence.

L'un fait bien, l'autre mal : l'un dance bien dispos
Jettant son corps en l'air, mais trop mal à propos :
L'autre marche pesant, qui pourtant ne fait faute,
Et semble mieux dancer que celuy là qui saute :
L'un dance de costé, qui sot va gambadant
Or' d'un pied or' de l'autre, et puis va regardant
Si Paquette le void : un autre bien plus sage
(Ce luy semble) pour voir Jeaneton au visage
Fleurtisse a reculon, et resolu pitaut,
Pour l'amour d'elle fait par fois le petit saut.

Guillot qui se void loing de Servaise s'amie,
Contre cil qui la meine engendre jalousie,
Et l'œilladant souvent se repute badin
Ne l'avoir premier pris que cestuy par la main.

Sandrin faisant du brave au milieu de la place
Escharpant son manteau se fait voir plein d'audace
Et au lieu d'acquerir (comme il cuide) l'honneur
De dancer bravement, n'acquiert que deshonneur :
On se mocque de luy, et pas un de la bande
Ne l'estime sinon remply d'audace grande :
Il cuide toutefois qu'il soit fort estimé
De tous les regardans, et des filles aimé.

Michaut prend Marion, la tire de la dance,
Et apres avoir fait une humble reverence
Il la baise à la bouche, et cliquetant des dois
Monstre qu'à bien dancer il ne craint villageois :
Or' il a les deux mains, au costé, puis se tourne,

Et devant Marion presente sa personne
Puis resautant en l'air gambade lourdement :
Haut troussant le talon d'un sot contournement.

La fille s'enhardit et son homme regarde,
Et à tout ce qu'il fait de pres elle prend garde :
S'il fait un saut en l'air, Marion saute aussi :
S'il dance de costé elle fait tout ainsi :
Tant qu'à les voir dancer à tout le monde il semble
Qu'ils ayent recordé leur tricotis ensemble :

Or Michaut ayant fait suant et halletant
Son devoir de dancer le bouquet, bien contant,
Le livre entre les mains de Marion, puis passe,
Et seule la laissant se remet à sa place :
Marion tourne autour, et si bien se conduit,
Qu'au vueil des assistans prend Sandrin qu'elle suit,
Qui luy preste la main comme par mocquerie,
Puis dançant de plus beau saute comme une pie.

Sandrin, qui la dedaigne avecques gravité
Vous dance à la grandeur d'un pas non usité
Aux dances de village, et tant et tant s'oublie
Qu'il ne daigne baiser la fillette jolie,
Laquelle sousriant luy laisse le bouquet,
Puis reprend pour dancer la gauche de Jaquet.

Le beau Sandrin se carre, et de l'œil fait eslite
D'une qui par ses biens, et beautez le merite :
Mais trop outrecuidé, selon son appetit
Pense qu'il n'y en ait que de lieu trop petit.
Il void hors de la dance une belle pucelle

(Comme estant de maison) vestuë en damoiselle,
Il s'oste de l'enclos, et se porte à l'endroit
D'où la belle de loing la dance regardoit
Sise pres de sa mere, et d'autre compagnie
Arrivez là pour voir la dance bien fournie :
Il la prend par la main pensant bien la mener,
Mais la fille luy dit : Allez-vous promener ;
Pour ce coup, mon amy, je n'oserois en dance
Me mettre maintenant : car il faut que l'on pense
Pour voir cest habit noir, et tout triste mon œil,
Mon visage blemy, que je porte le deuil.

Lors Sandrin tout honteux, et penaut se retire,
Dont un chacun se prend esperdument à rire :
Il rentre dans la dance, et de dueil rougissant
La fille de Pierrot en fin va choisissant :
Elle suit son meneur d'une honteuse grace,
Lequel tout despité se remet à sa place.

La fille a le bouquet, qui ayant fait un tour
Le presente à Guillot tout confit en amour,
Qui ne la veut quitter premier qu'il ne la baise,
Pour se monstrer courtois, sans pourtant que Servaise
En soit jalouse en rien : or par maint et maint saut
Prend peine a faire mieux que n'a pas fait Michaut
Il hausse le bouquet, et gambadant sans cesse
Aguigne de travers Servaise sa maistresse.
Bref c'est plaisir que voir dancer en leur lourdois
Tant des pieds que des mains les pitaus villageois.
A tant par le milieu de la dance se porte
Maint joyau desiré par la jeunesse accorte
Despendu des vallets. Claudin premierement

En tire le miroir, qu'il donne gentiment
A celle qu'il menoit, qui honteuse fillette
L'ayant receu monstra sa couleur vermeillette.
La fille de Pierrot, que Thibaut conduisoit,
De luy le peloton, et la bourse reçoit.
La fille de Sanson, gentille de nature,
Gayement prend en don la plus belle ceinture.
L'autre fille à Pierrot, bien vuidez, et bien beaux,
Eut en don de Guillot la paire de cousteaux.
Perrette eut un lacet : Jeanette sa cousine
En receut un aussi, un autre en eut Phlipine :
Mais Nicole se deut, qu'ainsi qu'elle esperoit,
Quelque petit joyau, bien moins elle reçoit :
Jalouse elle rougit, et voudroit n'estre entree
Jamais pour y dancer dedans ceste assemblee.
Beaucoup d'autres y eut qui rougirent aussi,
Honteuses de n'avoir un joyau tout ainsi
Que leurs compagnes ont. Et Sandrin qui s'asseure
Que l'escharpe est pour luy, n'attend qu'à l'heure à l'heure
On la leve du may pour la luy apporter,
Estimant que luy seul merite la porter.

Lors que prendre il la void à sauter il commence,
Faisant mille fleurtis au millieu de la dance,
Il se fait voir à tous : mais trop audacieux,
N'est pour autre estimé sinon qu'un glorieux.
L'escharpe se promeine, et Claudin qui la porte
Dans la dance tournant grand espoir luy apporte :
Mais il est estonné qu'on la donne à Gaillard,
Gaillard en deux façons, honneste et bon soudard.

Sandrin lors despité pense dans son courage,

Sots et mal advisez les vallets du villag
Qui sans le respecter comme brave danceur
Du joyau principal ne luy ont fait honneur :
Toutefois celuy-là que le plus on souhaite
C'est le cocq des garçons, des filles la poulette,
Qui tenus par les pieds apportent grand desir
Aux amoureux de voir lesquels voudront choisir
Des vallets bien accorts, dont et les biens, et l'age
Permettent que l'on puisse en faire un mariage :
Et void-on bien souvent peu apres fiancez
Ceux qui d'un tel joyau se sont veuz advancez.
Claudin donne le cocq à Guillot, qui bien ayse
Seroit, si l'on donnoit la poulette à Servaise,
Qui en fin la receut dont Guillot bien joyeux
Alaigre saute en l'air content, et glorieux.

A tant sont les joyaux despartis par la dance,
Sans que Sandrin en soit honoré comme il pence,
Qui pourtant s'attendoit (n'ayant eu le premier)
D'avoir au pis aller pour le moins le dernier :
D'autres ainsi que luy de la dance se tirent,
Qui despits, et maris loing de là se retirent.

LE JEU DE LA LONGUE PAUME

ET

AUTRES GAYETEZ CHAMPESTRES.

JA l'esteuf d'autre part au carrefour pendu,
Des joüeurs de Villiers est bien tost despendu,
Qui quatre contre quatre en la plus belle ruë,
D'un batoir bien sonnant envoyent dans la nuë
L'esteuf poussé par l'air, et le bras vigoureux
Tendent tous à ce point d'estre les plus heureux.

Le premier jeu finy d'une main bien hardie
En jeu mettent l'escu pour chacune partie,
Là le peuple s'assemble, et void sans respirer
Et deçà et delà, maint beau coup se tirer
Où sans nous ennuyer faisons longue demeure
Jusqu'à ce que Pierrot nous dict, qu'il estoit heure
De descendre à Beau-val, ou de viande exquise
Couverte nous attend la nappe desja mise.

Arrivez nous souppons, puis declinant le jour
Ensemble reprenons le chemin de Beau-jour.

Le lendemain matin, seulet, et solitaire,
Comme aymant les forests, et des champs le repaire,
J'entre dedans le fort la harquebuze en main,
Prenant des grands taillis la voye et le chemin,
Je fais deux ou trois lieuës par la forest espaisse,
Ores prenant les vaux, les montaignes je laisse
Ores dans la fustaye, et ores dans l'obscur
Des creux inhabitez, je me porte mal seur.
Tousjours, quoy que s'en soit, un seul pas je n'advance,
Que je ne sente au cœur de toy la souvenance,
O ma belle Diane! et pauvre je ne puis
Pour estre loing de toy, soulager mes ennuis,
Sinon par ce moyen : quand dedans la ramee
Je grave çà et là ton nom ma bien aymee.

Ravy de la façon j'accompagne mes pas
De regrets, de souspirs, desireux du trespas :
Quand le long d'un estang comme deesses belles
J'apperçoy folastrer cinq ou six pastourelles.
En paix paistre je voy leurs camusets troupeaux,
Et deux jeunes Bergers entonnant leurs pipeaux
Pour les faire dancer : là dessus l'herbelette
Douce comme coton, menue et verdelette,
Commence la brigade, et de leurs pieds legiers
Suivent le son cognu des amoureux Bergers,
Ausquels le poil follet, tesmoin de leur jeunesse,
A peine se monstroit, d'une delicatesse
S'en remesloit leur teinct, le poil blond comme l'or
Que l'avare usurier recele en son thresor.

Je voy que la plus belle, ainsi comme elle passe
Pardevant l'un des deux, souscrit de bonne grace
Et croy que n'eust esté honte qui la tenoit,
Elle eust au col sauté du Berger qui sonnoit.

Le Pastoureau rougit, et ne sçait ce qu'il chante
Transporté de l'amour qui ores le tourmente :
Il tourne l'œil en bas, et n'ose le badaut
De peur d'estre apperceu lever la teste haut :
La fillette le void, qui d'une douce œillade
Conforte le garçon qui honteux la regarde.

A tant la dance cesse : or l'autre Pastoureau
Honteux moins que celuy, neantmoins de nouveau
Amoureux devenu de l'autre Bergerette,
(Qui seconde en beauté celle-cy plus follette)
S'approche plus hardy s'efforçant l'accoller
Mais la fille le fuit, et le fait reculer.
Lors il met lourre bas, et roidement s'advance,
Demandant un baiser, salaire de la dance :
A la fin il la baise, et apres le Pitaut
Saute (comme content) troussant la jambe haut.

Un autre Pastoureau de couleur pallissante,
Jeune, beau, souspirant devant eux se presente,
Plein d'amoureux soucy, qui tousjours sanglottant
Pour sa maistresse alloit tout ainsi lamentant.

LE JEU DE LA BOULE.

AU SIEUR DE MONGAUTIER.

MOngautier, en contre-eschange
De l'immortelle loüange
Que tu fais en tes beaux vers,
Des esbatemens divers
Que ta belle ame pratique
En l'exercice rustique,
Je veux, ayant le cerveau
Enyvré de la saincte eau
Qui d'Hypocrene descoule,
Te chanter mon jeu de Boule
Et les divers passetemps
Que nous y prenons au temps
Des dimanches et des festes,
Apres avoir eu nos testes
Benistes des doigts sacrez
De nos vigilans Curez;
Car jamais telle liesse
Ne prenons qu'apres la messe

Et qu'apres avoir prié
D'un cœur tout humilié
Ce grand Dieu de qui la grace
Maintient nostre humaine race.

Sçachez donc qu'apres la mort
De mon pere j'eu par sort
De son petit heritage
Un jardinet en partage
Que le gracieux Soleil
Regarde d'assez bon œil
Au plus beau milieu de l'isle
Qui est pres de nostre ville.

Dans ce jardin lembrissé
De maint pampre entrelacé
Est une gentille allee
De treilles emmentellee
Dont les costez sont flanquez
De grands rosiers emmusquez,
Et de maint arbre dont l'ombre
Rend ce lieu freschement sombre.

A ces deux extremitez
On voit deux buts limitez
Qui d'une façon gentille
Font monstrer au plus habille
L'endroit d'où faut approcher
Afin de plus pres toucher
Le clou qui haut manifeste
D'un rameau sa basse teste.
Là l'esprit plus avisé

Est maintefois abusé
Car ayant un long espace
De temps mesuré la trace
Par oú doit rouler le buis
Ne faut qu'un petit pertuis
Qu'un petit monceau de terre
Ou qu'une petite pierre
Ou qu'un saut pour empescher
Le buis roulant d'approcher.

Là se voyent mille gestes
Mille branslemens de testes
Mille tordions de corps
Mille differends discors
Mille et mille singeries
Mille et mille mommeries :
Si quelqu'un demeure court
Viste apres sa boule il court
Pour l'avancer de l'haleine
Dont il rend la trace pleine.
L'autre qui trop a poussé
Se tient le dos renversé
Comme un cocher qui essaye
Tirant sa forte courraye
D'arrester de ses coursiers
Les pas rapides et fiers :
L'autre à un pouteau s'attache
Et en le tirant, il tasche
De retenir le galop
De sa boule qui court trop :
L'autre autant de fois se panche

Sur l'une et sur l'autre hanche
Qu'il desire d'eschaper :
Une boule, ou l'atrapper :
L'autre incessamment tempeste
Apres son buis qui s'arreste
Voulant avancer son cours
Par le bat de ses pieds lourds.

L'autre d'une adresse brusque
De dessus le but debusque
Son contraire : l'autre aux cieux
Leve tristement les yeux
Et contre luy se despite
D'avoir passé le limite.
L'autre pousse trop un peu.
L'autre demeure à my jeu.
L'autre à un des siens encharge
De faire une longue charge :
L'autre dit, charge deçà,
L'autre dit charge delà.
L'autre mainte injure endure,
L'autre prend une mesure
Dont il tasche puis apres
A voir qui est le plus pres :
L'autre crie à pleine teste
Pied au clou, ou je t'arreste,
L'autre demande par où
Il faut approcher du clou :
L'autre de despit s'enflambe
L'autre en biaisant sa jambe
Tasche de faire mouvoir

Son buis selon son vouloir,
L'autre à sa boule dit : hape,
Et l'autre luy dit, eschappe.
L'autre dit, dessus le but :
Revertere bouli but.
Bref là cent mille paroles,
Cent mille disputes foles,
Cent mille joyeux propos,
Cent mille gestes dispos,
Cent mille pantalonesques,
Cent mille actions tudesques
Nous donnent cent mille esbats
Plus plaisans que tu n'en as.

Mais nos liesses meilleures
Sont entre trois et quatre heures,
Mongautier, car là aupres
Dessous un ombrage frais,
Est une table d'ardoise
Où nous nous seons à l'aise
Ayant le vin devant nous
Le formage et le laict doux
La cresme bien ensucree
La salade preparee
Les pains blancs et les pastez
Et les tourteaux feuilletez
Là les guignes et cerises
Çà et là devant nous mises
De leurs rougissans esclats
Gayment colorent nos plats.

Là, dedans maint plat, se lave
La more fraische et la rave,
Là, par quartiers l'artichaut
Se void pour le poivre chaud.
Là est la fraise amoureuse
Et la framboise areneuse
Et mille et mille autres mets
Que je ne pourrois jamais
Nombrer tant en sont estranges
Les innombrables meslanges.

Apres avoir bien repeu
Et fort modestement beu,
Nous allons sur la riviere
Prendre une heure de carriere
Pour l'oisiveté tromper
En attendant le souper.
Et bien donc, penses-tu estre,
En ta demeure champestre,
Plus esloigné de soucy
Que nous ne sommes icy?
« En tout lieu l'homme modeste
« Trouve une liesse honneste. »

Or, s'il te plaist de venir
En ce lieu et t'y tenir
Quelque temps, tu verras comme
Je suis un veritable homme
Et que les poëtes tousjours
Ne mentent en leurs discours.

LES PLAISIRS

DU GENTILHOMME CHAMPESTRE.

Par le sieur Rapin.

O trois fois heureuse Noblesse,
Qui mesprisant les grands honneurs,
Par la vertu qui nous adresse,
Avez cogneu quelle detresse
Se trouve à la cour des seigneurs.

Qui ne portant jamais envie
Sur une autre condition,
Libres, n'avez point asservie
La franchise de vostre vie
Aux griffes de l'ambition.

Heureux celuy qui loing d'affaires,
Comme les gens du temps passé,
Avecques ses bœufs ordinaires
Laboure les champs, que ses peres
En propre luy ont delaissé.

De qui la noblesse cognuë
Ne vint jamais en question,
Mais de longue main est tenuë,
Comme si elle estoit venuë
D'un des enfans de Francion.

De qui la maison est bastie
Sans grande somptuosité,
De peu de logis assortie,
Belle entrée, belle sortie,
Avec toute commodité.

De qui la terre bien bornée
Se joint au clos de la maison,
De prez et garenne entournée
D'un bois et d'un estang ornée,
Et d'une fuye en la cloison.

Qui n'a point en son voisinage
Un Prince ny un grand seigneur,
Mais seul commande en son village,
Sans s'obliger à davantage
Qu'à vivre selon son humeur.

Qui n'estant embroüillé d'usure,
Ny de rentes à prix d'argent,
Sa despense à son bien mesure,
Et sans faire à personne injure,
Ne craint notaire ny sergent.

Qui en un temps bien pacifique
Ne voit plus fort que luy chez soy :

Mais sans querelle domestique
Sur sa petite republique
Commande comme un petit roy.

Qui n'oit plus sonner la diane
D'un trompette ny d'un tambour;
Mais plustost au braire d'un asne,
Au chant d'un coq ou d'une cane,
S'esveille dés le poinct du jour.

Qui n'est point homme d'ordonnance,
De monstre, ny d'ariereban,
Mais en sa sale a pour deffence
L'espieu, le harnois et la lance,
Et l'arquebuze de Milan.

Qui pourtant a veu de la guerre,
Pour en parler en devisant,
Sans plus vouloir vendre sa terre
Pour mille inimitiez acquerre
Aux troubles civils d'apresent.

Qui n'espouse point de querelle
Si le droit n'y est apparent,
Mais ne craint de monter en selle
Quand l'occasion l'y appelle,
Pour son amy, ou son parent.

Qui a trois chevaux en l'estable,
Six chiens courans, et deux levriers,
Six espagneux, et pour la table,
L'autour ou le lanier traictable,
Sans faucons et sans espreviers.

Qui a le furet et la poche,
Et les panneaux tant seulement,
Pour ayder à fournir la broche,
Quand une compagnie approche,
Sans en user journellement.

Quelquefois il va voir sa vigne,
Et la fait clorre de halliers,
D'aubespins plantez à la ligne,
Où se pourmenant il aguigne
Le labeur de ses journaliers.

Quelquefois le long d'un rivage
Il voit conduire son troupeau,
Voit ses vaches en pasturage,
L'une bonne pour le laittage,
L'autre meilleure à porter veau.

Maintenant tout seul il visite
Ses champs de semence couverts,
Qui ont dessus le dos escrite
Une esperance non petite,
Pareille aux fleurs des arbres verds.

Et s'il voit quelque herbe maligne
La bonne plante surmonter,
Il l'arrache dés la racine,
Ou couppe la torte houssine,
Qui boit le suc sans rien porter.

Puis curieux du jardinage,
S'il a veu de bon fruict ailleurs,

Il met d'un genereux courage
Luy mesme la main à l'ouvrage,
Pour enter des greffes meilleurs.

Et en la saison de Karesme,
Aux jours de jeusne et de pardon,
Pescher en son estang il ayme,
Et se plait à tirer luy-mesme
La vâche ou le hausse vredon.

Maintenant il se vient estendre
Sous un vieil chesne dans le bois,
Couché dessus l'herbette tendre,
En un lieu d'où il puisse entendre
Des oyseaux la plaintive voix.

Tantost sur la belle verdure
Les fleurs du dos il va foulant
Aupres d'une fontaine pure,
Pour s'endormir au doux murmure
D'un ruisseau lentement coulant.

Et si par fortune il rencontre
La bergere un peu à l'escart,
Le jeu d'amourette il luy monstre,
Ou se contente de la monstre,
S'il n'y peut avoir plus grand part.

Pour elle son cœur ne s'allume
De flamme ny de feu mortel,
Comme ces fols ont de coustume,
A qui la teste sert d'enclume
Et l'enfant Amour de martel.

Mais aussi tost que les fleurettes
Tombent à la chaleur du ciel,
Il met en des cruches bien nettes
Le doux ouvrage des avettes,
Separant la cire du miel.

Et lors que le Soleil desserre
Ses rayons pour la venaison,
Les foings en ses greniers il serre,
Les lins il arrache de terre,
Pour mesnager à la maison.

Puis voicy les belles mestives,
Dont le profit et la valeur
Rend les familles attentives,
S'offrant aux peines excessives
Du travail et de la chaleur.

Ce n'est rien qui ne voit le maistre,
Quelquefois au plus fort du chaut,
Au milieu des champs apparoistre,
Et tous ses ouvriers recognoistre,
Et pourvoir à ce qui deffaut.

Sa presence sert de conduite
A la troupe de ses scieurs,
Courbez d'une longue entresuite,
Qui ont la face toute cuite,
Et le front baigné de sueurs.

Il fait apprester de bonne heure
Les liens, le crible, le fleau :

De sa grange il oste l'ordure,
Et battant le grain, il mesure,
Combien de gerbes au boisseau.

Et tandis que chacun travaille,
Il ne laisse pas quelque fois
De prendre en joüant une caille,
Ou le perdreau de bonne maille,
Ou de boire à l'ombre d'un bois.

Mais quand l'Automne vient estendre
Mille fruits de son large sein ;
O ! quel plaisir il a de prendre
La pomme rouge que vient rendre
Un bel ente fait de sa main.

Et cette grappe souveraine,
Digne present de l'immortel,
Pour en faire à la Magdelaine
Une devotieuse estreine
Au plus beau lieu du grand autel.

Ores les tonneaux il arrange,
Et sa futaille de bon cœur,
Pour y recevoir la vendange,
Et voir le gracieux eschange
Du fruict noir en double couleur.

O quel plaisir quand il entonne
Ce breuvage desja fumeux,
Et qu'en un mois il emprisonne
Ce Dieu furieux qui boüillonne
D'un flot et reflot escumeux.

Que s'il a chez luy de fortune
(Chose rare pour le jourd'huy)
Une femme non importune,
Qui de ceste charge commune
Reçoive sa part comme luy.

Telle que celles du vieil aage,
Dont les maris bons aux charrois,
Retournans de leur labourage
Engendroient d'un masle courage
Des Capitaines et des Rois.

Heureux, si venant de la chasse,
Ou d'ailleurs, il trouve tout prest
Son souper cuit de bonne grace,
Avec une riante face,
Qui plus que les vivres luy plaist.

Tout le service de sa table
Aux rotisseurs est incogneu :
Mais qui le rend plus delectable,
De sa cour, ou de son estable,
Ou de sa chasse il est venu.

Sa mesnagere alors regarde
D'avoir du fruict du long de l'an,
Et pour luy de bonne heure garde
Ceux qui sont de meilleure garde,
Du bon chrestien, et du milan.

Mais quand les pluyes et la glace
Ramenent la froide saison,

Pour n'estre oysif en une place,
Il va s'eschauffer à la chasse
Du loup ou de la venaison.

Et pour le plaisir il assemble
Ses meilleurs voisins d'alentour,
Qui amassent leur meute ensemble,
Et comme bon à chacun semble
Se vont visiter tour à tour.

Quelques fois avec l'arquebuse
Il va dessus l'eau giboyer,
Et dès le matin s'y amuse :
Or son plomb, et sa poudre il use
Bien souvent sans aucun loyer.

Ou va voir ses gens en besongne,
L'un qui fend du bois pour buscher,
Et prend plaisir de voir la trongne
De l'autre qui ses yeux renfrongne
Pour faire un chesne tresbucher.

Quelques fois de tout soing delivre,
D'un plus chaut habit revestu,
Il lit dedans quelque bon livre,
Qui monstre comme il faut ensuivre
Le beau chemin de la vertu.

Au soir avec sa femme il cause,
Tous deux pres du feu se chauffans,
De quelque plus privée chose,
Ou en devisant il dispose
Du partage de ses enfans.

Et s'il vient quelque feste grande
De sa parroisse, ou de son nom,
Ses parens et voisins il mande,
Qui viennent en joyeuse bande
Celebrer ce jour de renom.

Pour eux à la ville il n'envoye
Chercher du plus exquis gibier,
Mais privément il les festoye
D'un cochon, d'un châpon, d'une oye,
Et des pigeons du colombier.

Du seul revenu de sa chasse
Il leur donnera le levraut,
La perdrix et la tourtre grasse,
Les lapereaux et la becasse,
Le heron, ou le courbejaut.

Là il faut boire à la bouteille
Tous d'un accord, et du meilleur :
Là d'une joyeuse merveille
Chacun par ordre se resveille,
Et se rend de tous assailleur.

Là ne se parle que de rire,
Et de gosser en liberté :
On n'y oyt point d'autruy mesdire,
A personne ne veulent nuire
Ny de fait ny de volonté.

Leur repas est libre et modeste,
D'herbes et de fruits meslangé :

N'engendrant un hocquet moleste,
Qui volontiers aux banquets reste
Apres que l'on a trop mangé.

Aussi ne leur faut-il point faire
Tant de despens au Medecin,
Ny en drogues d'Apoticaire ;
Aussi personne à leur affaire
Ne vient espier le bassin.

Qui est celuy qui eust envie
Manger des paons ou faisans,
Et changer ceste heureuse vie
A la friandise asservie
Des miserables courtisans ?

Qui est celuy, je vous supplie,
Qui parmy cest heureux sejour,
Les grandeurs du monde n'oublie,
Et la sotte melancholie
Que l'on prend à faire l'amour ?

Vivez contens, ô Gentils-hommes,
Avec la paix et la santé,
Estimant vos fruicts et vos pommes,
Plus que ne fait ses grosses sommes
L'usurier de peur tourmenté.

Si vous n'avez aupres d'un Prince
Ces estats et les pensions,
Pour gouverner quelque Province,
Aussi personne ne vous pince,
Et ne guide vos actions.

Vous ne cerchez point l'artifice
Pour attraper un don d'un roy,
Ou pour voler un benefice,
Ou pour faire vendre un office,
Contre la raison et la loy.

Vous n'estes point en une salle
A vous mocquer d'un estranger,
Et par trahison desloyalle
D'un compagnon qui vous esgale,
Ne taschez point à vous venger.

Si vous n'estes aupres des dames
A danser et faire l'amour,
Aussi ne sentez-vous les flammes,
Et l'ennuy dont ces pauvres ames
Sont tourmentées nuict et jour.

Aussi n'avez-vous point la peine
De vous friser tout le matin,
De faire bien sentir l'haleine,
Et chacun jour de la sepmaine
Changer de veloux et satin.

De gaudronner vostre chemise,
Et tousjours y porter la main,
De vous habiller à la guise,
Tantost d'un seigneur de Venise,
Tantost d'un chevalier Romain.

Vivez donc aux champs, Gentils-hommes,
Vivez sains et joyeux cent ans,

Francs du mal-heur des autres hommes,
Et des factions où nous sommes
En un si miserable temps.

Puissiez-vous laisser en vieil âge
Vos enfans sans dissention,
Votre fils aisné hors de page,
Se contentant de l'avantage
De fiefs en la succession.

FIN.

EXTRAICT DU PRIVILEGE DU ROY.

Par grace et Privilege du Roy, il est permis à Anthoine du Brueil, Marchand Libraire Juré en l'Université de Paris, d'imprimer ou faire imprimer un livre qu'il a recueilly, intitulé le *Sandrin, ou Verd galland*. Et deffenses sont faictes à tous autres Libraires et Imprimeurs de ce Royaume, de l'imprimer ou faire imprimer, sans le congé et consentement dudit du Brueil, pendant le temps et terme de six ans entiers et accomplis, sur peine de confiscation des impressions qui en seront trouvées et d'amende arbitraire, comme plus amplement est contenu et declaré és lettres dudit Privilege. Donné à Paris le 18 de Juillet 1609.

Par le Conseil.

De la Haye.

NOTICE

SUR LE SANDRIN.

De tous les recueils de poésies qui parurent en si grand nombre sous le règne de Henri IV, il n'en est peut-être pas un qui soit plus rare ni moins connu que *le Sandrin*. Il est le seul, du moins à notre connaissance, qui renferme de la prose et des vers, et c'est là une circonstance qu'il est important de noter. Ce curieux recueil, que nous ne voyons pas cité dans la nouvelle édition du *Manuel* et que nous ne trouvons indiqué que dans un seul catalogue (voir le catalogue Duplessis, Paris, Potier, 1856, n° 396), est un petit in-8° de 4 feuillets liminaires et 53 feuillets, plus 1 feuillet non chiffré pour privilége, avec figures sur bois dans le texte. Le privilége est en date du 18 juillet 1609.

Les gravures qui ornent *le Sandrin* sont au nombre de deux : la 1re représente une danse de village ;

elle se trouve au 4e feuillet liminaire du livre et est en outre reproduite aux feuillets 12, 32, 38 et 39. Dans la 2e, deux bergères, Diane et Floride assises sur le gazon, écrivent sous la dictée de l'Amour, qui est au milieu d'elles ; au fond on voit un troupeau de moutons qui broute l'herbe. Cette 2e planche est au feuillet 29. Au bas de chacune de ces gravures se lisent quelques vers que nous croyons devoir reproduire.

Figure de la danse de village (4e feuillet liminaire).

Floride ayant par ses braves discours
Fait souspirer ceux que l'amour attire,
Voulant donner relasche à leur martyre
Fait ce present des Rustiques amours.

Même figure, feuillet 12 :

Mauricette et Ourson en traitant leurs amours
Choisissent pour gaudir les plus beaux du village,
Entre lesquels Sandrin pour faire de bons tours
Fust esleu pour orner ce brave mariage.

Idem, feuillet 32 :

Voilà Sandrin venu ; faictes luy bonne chere,
Il est de verd vestu en folastre garson.
Villageois de Beauval, retirez-vous arriere,
Car il vient vous braver le jour de sainct Sanson.

Idem, feuillet 38 (il n'y a pas de vers au bas de la gravure).

Idem, feuillet 39 (pas de vers au bas de la planche).

Figure des deux bergères assises et écrivant sous la dictée de l'Amour. Au bas on lit :

Tu vois icy Amour assisté de bergeres
Escrire les destins des bergers malheureux :
Ce Dieu dicte leurs faits, puis en sont messageres
Et font de Jeaneton Perrot estre amoureux,
Ou sans nul contredit ils les font rire ensemble
Et jouer les beaux jeux ainsi que bon leur semble.

Lestoile connaissait *le Sandrin*, car il en parle dans son *Journal de Henri IV*, à la date de juillet 1609. « Le lundi 13 (dit-il), j'ay acheté cinq sols « deux fadezes nouvelles qu'on crioit, l'une de « l'amour (qui est une matiere trop commune aujour- « d'huy pour en faire estat) intitulée *le Sandrin ou* « *verd galand* (1) ; l'autre de superstition qui n'a « vogue qu'entre les ignorans et quelques femme- « lettes simples et idiotes ou vieilles radotantes, et « porte le titre : *Sommaire relation de la vie, sainc-* « *teté, miracles et actes de la canonization de* « *saincte Françoise de Buxis romaine*, tous les deux « imprimés en cette ville. » (Voir l'édition de Champollion Figeac, p. 516.)

Nous lisons, en outre, dans la seconde édition des *Muses gaillardes* (Paris, 1609, in-12 ; le privilége est du 7 août), même année, les lignes suivantes, que l'éditeur Ant. du Brueil (le même qui a publié *le Sandrin*) met en tête de sa préface : « Amy lecteur, je « te veux bien advertir qu'ayant achevé d'imprimer « un petit livre intitulé : *Le Sandrin ou verd ga-* « *land*, recueilly de divers memoires que m'avoient « donné mes amis pour cet effet, où sont naïvement

(1) L'imprimé porte *le Sandrin en verd galant*.

« deduits les plaisirs de la vie rustique, et depuis « continuant leur bonne volonté en mon endroit, « m'ont de rechef mis entre mains en bon nombre « des plus rares et excellentes pieces qu'ils aient pu « recueillir des plus beaux esprits de ce temps, tant « satyriques qu'autres, que j'ay incorporées et mis « en un juste volume et intitulé : *Les Muses gail-* « *lardes*, etc.... »

Le titre donné au livre que nous reproduisons vient d'un personnage du nom de *Sandrin* qui figure dans la pièce intitulée : *La Feste et dance de village*. Ce nom du reste a été employé plusieurs fois par les poëtes du XVIe siècle, et on le retrouve dans un pamphlet en prose, du temps de Louis XIII : *Les Regrets de Cendrin*, MDCXV (1615), in-8° de 16 pages.

Disons maintenant quelques mots des diverses pièces contenues dans *le Sandrin*. Nous remarquons tout d'abord qu'aucune pièce n'est signée, sauf la dernière, qui porte le nom de Rapin.

I. *Recit des nopces de Charlot et de Lauriette*. Ce récit des noces de Charlot et de Lauriette est en prose et est tiré d'un roman de Beroalde de Verville : *Les Aventures de Floride*, 5 vol. in-12. (Voir l'édition de Rouen, Raphael de Petit Val. 1601, t. II, 2e liv., chap. IX, pages 263-280.) Quelques-unes des chansons que l'on récite à ces noces rappellent trop souvent le cynisme et les joyeusetés du *Moyen de parvenir*.

II. *Les Amours de Mauricette et d'Ourson*. Ce morceau est tiré également des *Aventures de Floride* (voir t. Ier, p. 289 et suivantes), mais le sujet est traité avec décence et retenue. Les amours de Mauricette et d'Ourson ont une fin tragique : Ourson devient infidèle, oublie son amie et se marie avec une autre bergère. Mauricette devient folle de désespoir On trouve dans cet extrait du roman de Beroalde une gracieuse chanson dont le refrain est :

Il n'est rien de si leger
Que les amours d'un berger.

En voici quelques couplets :

J'estois heureuse et contente
Alors que rien je n'aimois
Maintenant je me tourmente
Sachant ce que je craignois.
Il n'est rien, etc.

Je voulois passer ma vie
Loin des yeux de mon pasteur
Qui d'une trompeuse envie
A seduit mon jeune cœur.
Il n'est rien, etc.

Je ne voulois point entendre
Aux vœux de son amitié,
Mais il me sçeut bien surprendre
Et avoir de luy pitié.
Il n'est rien, etc.

Je l'aimois comme mon ame,
Il m'avoit juré sa foy,
J'estois son unique dame,
Je l'aimois autant que moy.
Il n'est rien, etc.

. . . .
Mais ses vœux et ma presence
Ont pris un semblable cours :
Il a mis en oubliance
Sa foy comme ses amours.
Il n'est rien, etc.

. . . .

Beroalde de Verville est trop connu pour qu'il soit nécessaire d'entrer dans quelques détails sur sa vie et ses ouvrages. Nous dirons seulement qu'il naquit en 1558 et mourut après 1612. On peut consulter sur ce poëte Colletet, *Vies des poëtes françois*; Niceron, t. XXXIV; Goujet, *Bibl. françoise*, t. XIV, p. 188-195; Viollet Le Duc, *Bibliothèque Poétique*, 1843, in-8°, p 361-362 et le *Manuel du libraire*, de M. J. Ch. Brunet, 5e édition, lettre B.

III. *Les Amours rustiques de Perrot et Jeaneton*. Cette pièce de vers en dialogue est une imitation quelque peu grossière de la belle idylle de Théocrite : *L'Oaristys* (idylle 27). Elle est de Cl. Gauchet, poëte *dampmartinois*, et se retrouve dans le *Cabinet Satyrique* (édition publiée à Gand, chez Duquesne, en 1859, t. Ier, p. 163-166).

IV. *La Feste et dance de village*.

V. *Le Jeu de la longue paume*.

Ces deux morceaux sont extraits du poème de Gauchet, *Le Plaisir des champs*, dont il y a deux éditions, l'une de 1583 et l'autre de 1604. Nous donnons ici, malgré leur longueur, les titres exacts de ces deux éditions : *Le Plaisir des champs, divisé en quatre parties, selon les quatre saisons de l'année, par Claude Gauchet, Dampmartinois, aumosnier du Roy, où est traicté de la chasse et de tout autre exercice recreatif, honneste et vertueux. A monseigneur de Joyeuse, admiral de France et gouverneur de la Normandie. Le sommaire du contenu se voit au commencement de l'œuvre, et en la fin est un recueil des mots, dictions et manières de parler en l'art de venerie, avec une brieve interpretation d'iceux.* A Paris, chez Nicolas Chesneau, rue S. Jaques, au Chesne verd. MDLXXXIII (1583), avec privilége du Roy, in-4° de 6 feuillets liminaires et 314 pages, plus 4 feuillets non chiffrés pour le recueil des termes de venerie. Le privilége est du 30 mai 1567 et l'achevé d'imprimer pour la première fois du quinzième jour de may 1583.

Le Plaisir des champs, divisé en 4 livres, selon les 4 saisons de l'année, par Claude Gauchet, dampmartinois, aumosnier ordinaire du Roy, reveu, corrigé et augmenté d'un devis d'entre le chasseur et le citadin, par lequel on cognoist tout ce qui appartient tant au mesnage du gentilhomme champestre que du païsant, avec l'instruction de la venerie, volerie et pescherie, et tout honneste exercice qui se peut prendre aux champs, dedié à monseigneur le duc de Montbazon, grand veneur de France. A Paris, chez Abel l'Angelier, au premier pillier de la grand salle du palais, MDCIIII (1604), avec privilége du Roy, in-4° de 4 feuillets liminaires et 319 pages. Le privilége est du 10 décembre 1603.

Cette édition de 1604 est plus complète à quelques

égards que celle de 1583; mais on doit rechercher de préférence l'édition de 1583, car elle renferme quelques passages libres (notamment *la Chanson d'une Bergere*) et quelques tirades contre les mœurs des dames de la cour et contre les excès des gens d'armes que l'auteur n'a pas cru devoir reproduire dans l'édition qui parut sous Henri IV.

Le texte de *la Feste et dance de village* et du *Jeu de la longue paume*, donné par *le Sandrin*, est, sauf quelques légères modifications, celui de l'édition de 1583. Au surplus, pour qu'on apprécie la différence des deux textes, nous donnons les variantes de l'édition de 1583 et de celle de 1604.

La Feste et dance de village se trouve, comme nous l'avons dit, dans *le Plaisir des champs*, premier livre (édition de 1583, p. 57-71; édition de 1604, p. 41-53), et *le Jeu de la longue paume*, p. 71-74 de l'édition de 1583 et p. 53-54 de l'édition de 1604.

Claude Gauchet, l'auteur de ce poème, trop peu connu, était né à Dampmartin, en Champagne. Aumônier des rois Charles IX, Henri III et Henri IV et prieur de Beaujour, il écrivit son poème du *Plaisir des champs* sous le premier de ces princes. Il comptait au nombre de ses amis Daurat, Ronsard, Ant. de Baïf, Desportes et Louis Dorbans. Outre ce poème, dans lequel on trouve des détails parfois trop libres, mais qui est fort important par la description des divers modes de chasser en usage au XVIe siècle, il a écrit un ouvrage que ne mentionne pas le *Manuel* et plus digne cette fois de son titre d'aumônier du Roi ; c'est le suivant : *Le Livre de l'Ecclesiastique, mis par stances françois, par Claude Gauchet, grand archidiacre de Bayeux et aumosnier ordinaire du Roy. A trés noble, trés digne et trés vertueux seigneur messire Réné de Daillon, evesque de Bayeux, conseiller du Roy en son conseil d'estat.* A Paris, chez Jamet Mettayer et Pierre L'huillier, imprimeurs et libraires ordinaires du Roy, MDXCVI. (1596.) Avec privilége du Roy, in-12 de 12 feuillets liminaires et 96 feuillets.

Comme échantillon du style de Gauchet, nous reproduisons un fragment du *Plaisir des champs,* tiré de l'édition de 1583 et qui retrace avec énergie les désordres et les excès des gens d'armes pendant les guerres de religion. Les vers que nous citons se lisent dans une *Eglogue* qui a pour interlocuteurs Michaut et Phlippot. (Voir *le Printemps,* p. 87-95). Michaut parle des pilleries des gens de guerre qui lui ont pris ses agneaux, sa jaquette, et qui, non contents de le dépouiller lui et sa femme, voulaient encore mettre le feu à la maison. Phlippot réplique par un horrible tableau des malheurs que la guerre amenait dans les campagnes. Les soldats viennent de piller la demeure de Martin, dit-il, puis il ajoute :

Encore n'est-ce tout (ô quelle cruauté !)
Et les pieds et les mains ils luy ont garrotté
Et à force de coups au pauvre homme ont fait dire
Où estoit son thresor, puis après ce martyre
(O mon Dieu, quelle horreur !) mes cheveux herissés
Pour l'exécrable faict à mon chef sont dressés :
Sa fille qu'il avoit à Perrin fiancée

Tour à tour les meschans devant luy l'ont forcée.
O les braves soldats ! Ils disent toutefois
Defenseurs du public combattre pour les loix,
Combattre pour garder le droict de la patrie :
Autant à l'ennemy comme à eux je me fie.
Ils mourront pour leur roy, mais ce sera bien tard,
Car ils vont pour le guain et non pour le hazard.

....

Terre helas ! creve toy et nous monstre nos roys
Defenseurs du public et des dieux et des loix
Qui d'un si doux repos bienheurans leur patrie
L'ont veu florir en paix tout le temps de leur vie.
Rends les nous maintenant, afin que de rechef
Du malheur eminent deschargent nostre chef.
Ha ! c'est chanter en vain, car la grandeur divine
Par un juste courroux a juré ta ruine,
O France miserable, et de son puissant bras
Veult fouller ton audace et ton nom mettre bas.

Las ! maintenant tu vois sur les rives de Loire
Ton propre nourrisson triompher de ta gloire,
Tu voys le Languedoc encontre toy armé
Et resolu des tiens à la perte animé,
Et le reïstre noir semé par la campaigne
Lequel de ta despouille enrichit l'Allemaigne ;
Tu vois par le païs mille et mille estendars
A ta perte acharnés voler de toutes parts,
Tu vois, qui est le pis (ô quelle dure guerre !)
Mille temples tant beaux bouleversés par terre
Que tes bons rois defuncts meus de devotion
Et d'un zele tant sainct, tant bonne affection
Avoient à grans despens faict bastir à l'antique
Pour recevoir dedans le peuple catholique.
Mais helas ! maintenant les ministres nouveaux

Mesprisant le lieu sainct y logent leurs chevaux.
Sans larmes je ne puis, ô France miserable
Racompter ton meschef qui n'a point de semblable!
Voyant de jour en jour ta ruine augmenter,
D'autant comme autrefois on l'a veu surmonter
En prouesse et grandeur et en toute excellence
Toute autre nation, quand ce seul nom de France
Faisoit à l'estranger (tant estoit merveilleux !)
Le visage pallir et dresser les cheveux ;
Gaignant toujours heureuse avec une grand gloire
Contre tes ennemis quelque brave victoire.
Mais helas! maintenant, au plus fort du danger,
(Trop foible te sentant) tu cours à l'estranger,
Secours à celuy la, chetifve, tu demandes
Qui de tes bras nerveux a veu les forces grandes.
. . . .

Voyez sur Cl. Gauchet les *Vies des poëtes françois*, de Colletet; Goujet, *Bibliothèque françoise*, t. XIV, p. 27-29; Viollet Le Duc, *Bibliothèque poétique*, 1843, p. 332-333, et un bon article de la *Biographie Michaud*, dû à la plume de M. Justin Lamoureux (t. LXV, p. 172-173).

VI. *Le Jeu de la boule, au sieur de Mongautier*. Pièce en vers de sept syllabes. Nous ne savons quel en est l'auteur ; mais elle n'est sûrement pas de Gauchet. Furetiere a aussi chanté *le Jeu de boule*, dans sa satire V, à M. Maucroix, chanoine en l'église cathédrale de Rheims. (Voir les *Poésies diverses du sieur Furetiere, A. E. P.* (avocat en Parlement). A Paris, chez Guillaume de Luynes, au Palais, sous la montée de la cour des aydes, MDCLV (1655), avec privilége du Roy, in-4° de 8 feuillets liminaires et 222 pages, plus 1 feuilllet non chiffré pour privilége.

VII. La dernière pièce du *Sandrin*, et la seule qui porte un nom d'auteur, est intitulée : *Les Plaisirs du gentilhomme champestre, par le sieur Rapin.* Ce petit poème, écrit dans un rhythme gracieux (en strophes de cinq vers de huit syllabes), est une des pièces les mieux réussies de Rapin, et on s'étonne de ne pas la voir dans le volume qui parut après la mort du poëte et qui est intitulé : *Les OEuvres latines et françoises de Nicolas Rapin Poictevin, grand prevost de la connestablie de France ; tombeau de l'autheur avec plusieurs éloges.* A Paris, chez Olivier de Varennes, rue Saint-Jacques, à la Victoire. CIↃIↃCX (1610), avec privilége du Roy, deux parties in-4°. Il y a des exemplaires de ce volume qui portent le nom de Pierre Chevalier, au Mont-Sainct-Hilaire, à la cour d'Albret.

Nous connaissons de ce poème une édition de 1583 (mais ce n'est sans doute pas la première) qui porte pour titre : *Les Plaisirs du gentilhomme champestre, augmenté de quelques nouveaux poemes et epigrammes, par N. R. P.* (Nicolas Rapin Poitevin). A Paris, pour la vefve Lucas Breyer, tenant sa boutique au second pillier de la grand'salle du Palais. 1583, avec privilége du Roy, in-12 de 36 feuillets. Il est reproduit, en outre, aux feuillets 19-25 du recueil : *Sur les plaisirs de la maison et vie rustique, poemes extraits de plusieurs excellents aucteurs.* Sans date, in-4° de 59 feuillets, plus 1 feuillet non chiffré. Enfin une nouvelle édition de ce poème a été donnée il y a quelques années, par M. Benjamin Fillon (Paris, Techener, 1853, in-12), avec une bonne notice de l'éditeur.

Outre *les Plaisirs du gentilhomme champestre* et le volume d'*OEuvres* publié en 1610, Rapin a écrit l'ouvrage suivant: *Chant XXVIII du Roland furieux d'Arioste monstrant quelle asseurance on doit avoir aux femmes, traduict en françois, à la rigueur des stanzes et de la rime, par N. R. P.* A Paris, pour Lucas Breyer, marchant libraire, tenant sa boutique au second pilier de la grand'salle du Palais et en sa maison au bout du pont Saint-Michel, en allant au Marché Neuf. MDLXXII (1572), avec privilége du Roy, in-8° de 16 feuillets. C'est une traduction du fameux conte de Joconde qu'ont imité depuis Bouillon et Lafontaine. Le texte italien est traduit stances pour stances et en vers de dix syllabes.

Nicolas Rapin, né en 1539, mourut en février 1608, suivant M. Benjamin Fillon : d'autres écrivains le font mourir en 1609. On peut consulter sur ce poëte Colletet, *Vies manuscrites des poetes françois ;* Bayle, *Dictionnaire historique ;* Niceron, t. XXV ; Goujet, t. XIV, p. 119-133, et Viollet Le Duc, p. 352-354.

VARIANTES DE L'ÉDITION DE 1583.

La feste et dance de village.

Le plaisir des champs, édition de 1583, porte *à Beauval.*

Idem, même édition : *Pour bien nous festier.*

— *Faict tirer du Pouiller.*

Le beau manteau tanné, etc... Note en marge : *L'habillement du père de famille de village.*

Nouée çà et là.

Bonjour (dit-il), etc... Note en marge : *Discours de Pierrot du temps de sa jeunesse.*

Verdissant s'eslevoit un bragard, etc... Note en marge : *Eschaffault faict exprès pour les menetriers.*

La fille cependant qui doit avoir la danse. Note en marge : *Le naturel des filles, c'est de dancer volontiers.*

Le Pasté de giblet basti de la façon.

L'eau beniste tandis se faict, messire Ambroise.

Est mise tout autour maint bonne herbe meslée.

Voulu manger devant qu'avoir ouy la grand messe.

Le frere de Pierrot bonhomme tout cassé. Note en marge : *Discours de Sanson frere de Pierrot.*

Ont gaigné les plus grands, ruiné les petits.

Lorsque tournant le dos au pauvre païsant.

Depuis que par les champs des soldats court la rage.

En cependant voicy avec, etc... Note en marge : *Les Targes.*

A tant sont au logis où la belle attendoit Note en marge : *L'habillement de la fille de village.*

A tant sur l'eschaffaut la musique commence. Note en marge : *Le grant bransle.*

A tant vient la jeunesse, un chacun peu à peu. Note en marge : *Façon de dancer des villageois.*

De trois et quatre lieux...

L'un fait bien, l'autre mal, l'autre dance bien dispos. Note en marge : *Diverse façon de dancer des villageois.*

Fleurtisse à reculons. Note en marge : *Tel faict l'amour de la façon.*

Sandrin faisant du brave. Note en marge : *Il y a tousjours quelque outrecuidé en une dance.*

Michaut prend Marion, etc... Note en marge : *La dance du bouquet.*

Sandrin qui la dedaigne. Note en marge : *Arrogance d'un villageois.*

Il void hors de la dance une belle, etc... Note en marge : *Grande temerité d'un simple villageois.*

Lors Sandrin tout honteux et penaut se retire. Note en marge : *Grande honte advient ordinairement après une grande temerité.*

Qui ne la veut quitter sans pourtant. Note en marge : *Integrité des villageois.*

A tant par le milieu de la dance se porte. Note en marge : *Les joyaux.*

.... Claudin premierement
En tire le miroir.
.... qu'ainsi qu'elle esperoit
Quelque petit joyaux pour le moins ne reçoit.

Note en marge: *Telle façon de donner joyaux s'observe en France et pays circonvoisins.*

Que l'escharpe est pour luy n'attend qu'à l'heure, etc. Note en marge : *L'escharpe est le principal joyau pour les garçons.*

N'est de tous estimé sinon qu'un glorieux.

Le jeu de la longue paume et autres gayetés champestres.

Variantes de l'édition de 1583.

D'autre costé l'esteuf au carrefour pendu. Note en marge : *La longue Paulme.*

L'esteuf poussé par l'air et de bras vigoreux.

Comme aymant des forests et des champs le repaire.

Et deux jeunes bergers entonnant leurs pipeaux. Note en marge : *Les amoureux Pastoureaux.*

La fillette le void qui d'une douce œillade.

VARIANTES DE L'ÉDITION DE 1604.

Cependant à Beauval la fermière soigneuse. Note en marge. *Le soin d'une bonne mesnagere.*

Car le jour en suyvant c'est le jour saint Sanson.
Fournit de bancs la salle.
. . . . La grant truye regrette.
On va d'autre costé choisir. . . . .
Fait le gibier reffaire et d'un dos recourbé.

Le beau manteau tanné. Note en marge : *L'habillement du bonhomme des champs.*

Nouée çà et là.
De lavande, de thim, de rose et de muguet.
L'escarcelle de cuir.
Au bonhomme vieillard un cœur vrayment entier.
Et un visage ouvert pour bien vous festier.

Ainsi le bon Pierrot. Note en marge : *Discours du bonhomme des champs, du temps de sa jeunesse.*

Librement du passé, de son temps nous devise
Qu'alors l'argent ny l'or.

Après le vers :

Pour parer esmaillé des dames le visaige

On lit :

Ainsi le bon Pierrot devisant nous menoit
Et regrettant le temps ces comptes nous faisoit.
Nous entrons en l'église où chacun prend sa place, etc.
Verdoyant s'eslevoit.

La fille cependant qui doit avoir la dance. Note en marge : *Les filles ayment à dancer volontiers.*

Et voudroit que chacun du village eust disné
Afin que le vallet en dance l'eust mené
Et souventse mirant redresse son collet
Le pasté de giblet petri de la facon.

Après le vers :

Sur tous les Pasticiers nette en Pasticerie.

On lit :

Les cloches cependant commencent à sonner.
Les bons parrochiens ennemis de paresse
Qui ne veullent ce jour.
Alors nous nous levons pour retourner au lieu
Qui pour un villageois ne sent point son lourdault.
L'eau beniste se faict, après messire Ambroise
Et chantant haultement.
On fait sçavoir qu'il est la feste sainct Sanson.
Après la messe on sort.

Après le vers :

De faire bonne chere à notre compagnie

On lit :

Tous les cousins venus on apporte à manger.
Lors chacun après nous autour se vient ranger
De la table garnie, et Pierrot qui ordonne
Chascun selon son rang, le bout du haut nous donne.
Un peu après voicy deux jeunes villageois
Dedans la chambre entrés avecques le hault-bois
Qui vestus bravement chargés de leur livrée
Presentent à nous tous mainte targe dorée.

Note en marge : *Les Targes.*

Puis pour donner plaisir à nostre compagnie
Le plus dispost des deux en volte se manie.
Leur tour faict, un des deux prend une serviette
Souhaitant bien souvent ceste belle journée
Qu'elle devoit premiere en dance estre menée.
A tant ils sont venus où la belle attendoit

Note en marge : *L'habillement d'une fille de village de moyens.*

Qui d'un beau cœuvrechef sa chevelure ornoit.
Son col d'un collet fin, une belle ceinture
Environnoit ses flancs où pend la garniture
De bourse et peloton faicts d'un velours tout plein
Bel ouvrage de Caen ; de taftas à gros grain
Son devanteau reluit : la robe violette
La rend pour villageoise accorte et joliette.
Pour la mener au bal où le peuple attendoit
Et où de toutes parts le monde se rendoit
Pour voir l'esbatement : au milieu de la Place
A tant sur l'eschaffault la musique commence.

Note en marge : *Le grant bransle.*

Suit ce son qu'il entend.
Puis Sanson Raulequin va prendre Michelette
Fille du bon Pierrot assez belle fillette
Et la meine à son rang; après suit Guillemin
Fille aussi de Pierrot, et puis Gaillard s'avance
Et meine sa maistresse au milieu de la dance.

On lit ensuite ces quatre vers (qui manquent dans *le Sandrin* et dans l'édition de 1583) :

On voit pour faire largue aux danseurs cependant
Un beau cheval de taille en teste pannadant
Qui marchant de costé se faict voir par la place
Suyvi de cent enfans ausquels il fait la chasse.

A tant vient la jeunesse : un chascun peu à peu.
Là Phlippin amoureux de la belle Florence

Note en marge : *Façon de danser des villageois.*

Se tue de danser sans suyvre la cadence,
Ny mesure ny son : aussi n'avoit il pas...
De trois et quatre lieux...
Le cornet à boucquin cependant esclattant
Se met à bien dancer la disposte jeunesse...
Vestus d'un satin blanc qui, l'honneur de la danse.

Après le vers :

Pour l'amour d'elle faict parfois le petit sault.

On lit dans l'édition de 1604 ces huit vers (manquant dans *le Sandrin* et dans l'édition de 1583):

Un autre plus folastre et hardy s'esvertue
Qui de bras et de pieds et d'espaules se tue
Et de ses gros soulliers ensemelés de cloux
Va frappant la mesure et la terre à grands coups.
Là un boiteux mal propre et mal duit à la dance
Apreste à rire à tous par sa sotte cadence :
Il en secoust la teste et dit qu'il feroit mieux
Que celuy qui s'en rid s'il n'estoit point boiteux.

Guillot qui se void loin de Servaise s'amie
Et l'œilladant souvent d'un sauvage regard
Semble le menasser de quelque grant hazard.

Après le vers :

De danser bravement n'acquiert que deshonneur.

Vient :

Michault prend Marion, la tire de la danse.

Note en marge : *La dance du bouquet.*

Et après avoir faict la basse reverence,
Or il met les deux mains au costé, puis se tourne

Troussant court le talon...
S'il dance de travers elle fait tout ainsi
Et la laissant à part se remet à sa place
Qu'elle vous prend Sandrin que riant elle suyt.
Il luy preste la main...
Puis Marion dançant saulte comme une pie
Puis pour dancer reprend la gauche...
Il croit qu'il n'y en ait que de lieu, etc...
Assise près sa mère...
Il tasche à faire mieux que n'a pas faict Michault
A guigné de travers Servaise sa maistresse.

Viennent ensuite ces quatre vers (manquant dans *le Sandrin* et dans l'édit. de 1585) :

Souple de jambe il saulte et souvent du talon
Les fesses il se bat, suyvant le violon,
Puis une main, puis l'autre au costé faict le sage,
Et rien n'oublie en tout des vieils traicts de village.
Bref, c'est plaisir, etc..
A tant par le milieu de la danse se porte.

Note en marge : *Telle façon de donner des joyaux s'observe en France.*

En tire le miroir qu'il donne proprement.
L'autre fille à Pierrot la paire de cousteaux
Que luy donna Guillot avecques les ciseaux.
Perrette eut un lacet...
Quelque petit joyau pour le moins ne reçoit
Jalouse elle rougit et faschée et troublée
Voudroit n'avoir entré parmy ceste assemblée.
Il y en eut encor qui rougirent aussi
Faschées de n'avoir un joyau...
Alors qu'il la voit prendre à sauter...
Il se fait voir à tous mais comme audacieux,

Il n'est tenu sinon que pour un glorieux.
Aux amoureux de voir ceux qu'on pourra choisir
Des jeunes gens dansans dont et les biens et l'age
Qui la receut enfin.
Enfin sont les joyaux.

D'autre costé l'esteuf...

Édition 1604. Note en marge: *La longue paulme.*

L'esteuf poussé par l'air et d'un bras vigoureux.
On met en jeu l'escu pour chascune partie
Comme aymant des forets et des bois le repaire.
Prenant des grands taillis le plus couvert chemin.
Des creux inhabités je me porte mal seur
Où le long d'un estang je voy des Pastourelles.
Saultantes à qui mieux et gentilles et belles.
En paix paistre je voy (1).
Suyvant (*sic*) le son cogneu des deux chantres bergers
Transporté de l'amour qui le point et l'enchante.
.... qui d'une douce œillade
Conforte le garson qui d'autre part l'œillade.
Enfin la dance cesse, or l'autre Pastoureau
Honteux moins que cestuy neantmoins de plus beau
Devenu serviteur de l'autre bergerette
Jeune, beau, bien taillé devant eux se presente
Pour sa maistresse alloit en ce point lamentant.

(1) *Le Sandrin* et l'édition de 1583 offrent un texte plus développé.

Les plaisirs du gentilhomme champestre de Rapin.

VARIANTES DE L'ÉDITION DE 1583.

Par la vertu qui vous adresse
Ne vient jamais en question.
Belle entrée et belle sortie.
Ne craint ny juge ny sergent.

Mais en sa salle pour deffense
Garde le harnois et la lance
Et le harquebuz de Milan.

Le bache ou le hause verdon
Sous un vieil chesne dans les bois
Ses rayons pour la fenayson
Ou le perdreau de bonne maille
La pomme rouge que vient rendre
Une ante faite de sa main?

O que ses tonneaux il arrange
Du fruict noir en rouge liqueur
Et qu'en un muyd il emprisonne
Mais s'il a cheux luy de fortune
D'un loup ou de la venaison
Où son plomb et sa poudre il use
Qui monstre comment il faut suivre
La perdrix et la tourtre grasse,
Les lapereaux et la begasse.
On n'y veut à personne nuire
Ny d'effet ny de volonté

Tant de despens en medecin
Manger des paons et des phaisans
Et changer ceste heureuse vie
Qu'on se donne à faire l'amour ?
Les Estats et les pensions
Et n'observe vos actions
Pour attraper un don du Roy.
Des fiefs en la succession.

APPENDICE.

—

Les Amours rustiques de Perrot et Jeaneton (voir pages 31 et suivantes) sont une imitation libre de la 27e idylle de Theocrite, *L'Oaristys*. Cette idylle, on le sait, a été traduite en vers harmonieux par André Chenier et Lebrun ; mais les œuvres de ces deux poëtes étant dans toutes les mains, nous ne croyons pas devoir donner ici leurs traductions. Nous préférons reproduire, comme étant moins connues, les imitations qu'en ont faites Ant. de Baïf et Cotel. La pièce de Baïf est intitulée : *Le Satyreau ;* elle est écrite en strophes de cinq vers de huit syllabes, et fait partie des *Jeux* du poëte. Paris, Lucas Breyer, 1573, in-8o, feuillets 30-32. Celle de Cotel se trouve aux feuillets 48-50 du rare volume : *Le premier livre des mignardes et gaies poesies de A. D. C. A. M., avec quelques traductions, imitations et inventions, par le mesme autheur.* A Paris, pour Gilles Robinot, tenant sa boutique au Palais, en la gallerie par où on va à la chancellerie, MDLXXVIII (1578), avec privilége du Roy, deux parties in-4o, de 60 et 23 feuillets, plus un feuillet non chiffré pour errata. Voici ces deux pièces.

LE SATYREAU

Ecloge XVIII,

—

LE PASTOUREAU, LA PASTOURELLE.

LE PASTOUREAU.

Un Paris jadis Pastoureau
Enleva Helene la belle :
Moy un autre Paris nouveau
D'une belle Helene nouvelle
Suis mieux baisé qu'il ne fut d'elle.

LA PASTOURELLE.

Et bien, de quoy te vantes tu,
Petit fou glorieux satyre?
Le baiser n'a pas grand vertu
Ainsi qu'ay toujours ouy dire :
Amour mieux qu'un baiser desire.

LE PASTOUREAU.

Combien qu'on face peu de cas
Du baiser qu'on dit chose vaine,
Toutefois le baiser n'est pas
Si vain, que plaisir je n'y prenne
Quand amour à baiser me meine.

LA PASTOURELLE.

Je m'en va laver et torcher
Ma bouche afin de te faire aise,
Et ton baiser je va cracher.

LE PASTOUREAU.

Tu torches tes levres, mauvaise,
Mais c'est à fin que je te baise.

LA PASTOURELLE.

Bien plus tost ce seroit ton cas
T'en aller baiser quelque vache
Orde et vilaine, que non pas
Une fillette qui s'en fache,
Et par depit ton baiser crache.

LE PASTOUREAU.

Fi d'orgueil! comme un songe fuit,
S'enfuit la jeunesse jolie;
La fleur fletrist et puis le fruit.
Allons sous l'ombre reverdie
Afin que deux mots je te die.

LA PASTOURELLE.

Dieu m'en garde, car autrefois
Tes beaux mots m'ont cuidé surprendre.

LE PASTOUREAU.

Allons, mignonne, dans ce bois:
Dans ce bois tu pourras entendre
Quel ton au flageol je sçay prendre.

LA PASTOURELLE.

Vas y tout seul te soulasser:
J'ay peur que pis on ne me garde.
Sus, ne me viens point embrasser,
Qu'à la longue plus ne m'en garde
De mordre ta bouche langarde.

LE PASTOUREAU.

Penses-tu l'amour eschapper
Que nulle pucelle n'echappe?

LA PASTOURELLE.

Il n'a garde de m'attraper;
Je luy pardonne s'il me happe,
Mais garde toy qu'il ne t'attrappe.

LE PASTOUREAU.

O belle, que je crains pour toy
Que tu ne sois un jour laissée
A un mary pire que moy!

LA PASTOURELLE.

Maints amoureux m'ont pourchassée,
Et nul n'a gagné ma pensée.

LE PASTOUREAU.

Je suis l'un de tes amoureux
Et si pouvois un jour te plaire
Je m'estimeroy trop heureux.

LA PASTOURELLE.

Mon amy, j'auroy trop à faire:
Mariage est plein de misère.

LE PASTOUREAU.

Il n'y a ne douleur ne mal
En mariage que par feinte;
Ce n'est que joye, feste et bal.

LA PASTOURELLE.

L'on dit que toujours vit en crainte
La femme à un mary conjointe.

LE PASTOUREAU.

Plus tost toujours les femmes sont
Les maistresses : je te demande
De quoy c'est que peur elles ont.

LA PASTOURELLE.

Tremblant de peur faut que me rende:
La douleur de gesine est grande.

LE PASTOUREAU.

Mais tu ne dis pas le plaisir

Que te donnera ta lignée
Effaçant le mal de gesir.

LA PASTOURELLE.

De quoy seray je guerdonnée
Si j'accomplis ta destinée?

LE PASTOUREAU.

Avec ce gaillard pastoureau
Tu auras tout ce pasturage,
Ce pasturage et son troupeau,
Et du long de ce bel ombrage
Tout ce pays de labourage.

LA PASTOURELLE.

Jure que ne me laisseras
Maugré moy, pour cause quelconque,
Quand maistre de moy tu seras.

LE PASTOUREAU.

Quand bien tu le voudrois adoncque,
Je jure ne te laisser oncque.

LA PASTOURELLE.

Sera-ce pour moy ta maison?
Meubleras tu bien ma chambrette?
Trairay je du lait à foison?

LE PASTOUREAU.

Tout est tien, seulement souhaitte,
Et toute chose sera faite.

LA PASTOURELLE.

Mais di moy que c'est que diray
A mon pere le vieil bonhomme
Quand davant luy je m'en iray?

LE PASTOUREAU.

Il voudra que tout se consomme
S'il entend comme je me nomme.

LA PASTOURELLE.

De sçavoir ton nom j'ay desir;
S'il est tel, tu ne dois le taire
Souvent le nom donne plaisir.

LE PASTOUREAU.

J'ay nom Loret, Louvin mon pere,
Et Pasturine c'est ma mere.

Tu es la fille de Fortin
Issu de trés bon parentage;
Aussi est mon père Louvin,
Et te prenant en mariage
De rien je ne te deparage.

LA PASTOURELLE.

Or monstre moy ton beau verger,
Et puis irons voir tes estables
Où ton bestail vient heberger.

LE PASTOUREAU.

C'est à moy ce beau rang d'erables
Et ces ombrages delectables.

LA PASTOURELLE.

Mes chevres, broutez bien et beau
Tandis qu'iray voir l'heritage
Et le verger du Pastoureau.

LE PASTOUREAU.

Mes bœufs, n'espargnez cest herbage
Tandis que serons à l'ombrage.

LA PASTOURELLE.

Voy, que fais-tu? oste la main,
Veux-tu point autrement te feindre,
Satyreau, de taster mon sein?

LE PASTOUREAU.

Laisse moy un petit estreindre
Ces pommes qui ne font que poindre.

LA PASTOURELLE.

Après, ô sus, oste ta main
Je suis comme toute engourdie :
Que je sens mon cœur foible et vain !

LE PASTOUREAU.

Que crains-tu ? tu trembles, m'amie :
Fille, tu n'es guière hardie.

LA PASTOURELLE.

Me veux tu par terre touiller,
Et ma belle robe de feste
Dans la fange veux tu souiller ?

LE PASTOUREAU.

Nenni non, je suis trop honneste :
Mon manteau pour t'asseoir j'appreste.

LA PASTOURELLE.

Ha las ! ha las ! que cherches tu
Levant ma cotte et ma chemise ?
Ha je n'ay force ne vertu.

LE PASTOUREAU.

Je poursuis la douce entreprise
D'un amant qui sa belle a prise.

LA PASTOURELLE.

Demeure, mauvais que tu es.
Si quelqu'un nous venoit surprendre...
J'oy du bruit entre ces cypres.

LE PASTOUREAU.

Les arbres font semblant d'entendre
Le plaisir que nous allons prendre.

LA PASTOURELLE.

Ma colerette de fin lin
Par loppins tu as dessirée,
Et m'as mis à nu le tetin.

LE PASTOUREAU.

Je t'en donne une mieux ouvrée,
Et de toile plus deliée.

LA PASTOURELLE.

Tu donnes tout pour m'abuser,
Mais après que seray ta femme
Du sel me viendras refuser.

LE PASTOUREAU.

En te donnant mesme mon ame,
Que je puisse t'en faire dame !

LA PASTOURELLE.

J'estoy pucelle en m'en venant,
Au jeu d'amour toute nouvelle ;
Je m'en va femme maintenant.

LE PASTOUREAU.

Mere seras, nourrice et telle
Que jamais ne seras pucelle.

ANTOINE DE BAIF.

BERGERIE VI.

Prise de Theocrite.

JANOT ET HELENE.

JANOT.

Paris, comme je fais, menant sa bergerie
Sa belle et sage Helene a autrefois ravie,
Mais ceste Helene cy, bergerotte aux beaux yeux
M'aime, son bergerot, mille et mille fois mieux.

HELENE.

Ne t'esleve, trop fier d'une gloire haultaine :
Le baiser, ce dit-on, est une chose vaine.

JANOT.

Et au baiser pourtant, ores que vain il soit
Quelque plaisir sucré en baisant on reçoit.

HELENE.

Fy ! j'en lave ma bouche afin d'oster la tasche,
Et le mauvais baiser que m'as donné, je crache.

JANOT.

Ha ! tu t'en laves donc, ça que je te rebaise.

HELENE.

Après va t'en baiser tes vaches à ton aise
Sans ainsi tourmenter les fillettes en vain.

JANOT.

Ne t'enorgueillis point, car tout aussi soudain
Comme un songe s'en va, te lairra la jeunesse :
C'est comme un raisin cuit ; vois-tu la secheresse

De ces roses le teint fenner en peu de temps?
Viens sous ces oliviers, bergère : là dedans
Je te raconteray quelque fable gentille.

HELENE.

Je n'ay garde : autrefois credule, mal habille
Tu m'as trop abusée avec ton doux babil.

JANOT.

Viens sous cest orme ouyr mon flageollet gentil.

HELENE.

Resjouy toy tout seul ; après, tu as beau faire :
Rien qui soit de vilain ou laid ne me peult plaire.

JANOT.

Pauvrette, que dis-tu ? crains-tu point le desdain
Et l'ire de Venus et sa cruelle main?

HELENE.

Je ne crains point Venus, pourveu que la deesse,
Ma Diane, me soit doulce et bonne maistresse.

JANOT.

Hé! ne dis plus cela, de crainte de ses traicts,
Et qu'elle ne t'empestre en ses attrayans rets.

HELENE.

Frappe, si elle veult, car Diane riante
Me sera cy après comme devant aidante,
Mais n'y mets plus la main, car je te morderay,
Je tronciray ta levre et t'esgratigneray.

JANOT.

Pourquoy fuis-tu l'amour qu'une autre n'a füye?

HELENE.

Pource : mais tu auras ce joug toute ta vie.

JANOT.

Hé Dieu ! que j'ay grand peur que ton pere, pour toy
Ne choisisse un mary pire beaucoup que moy !

HELENE.

Maints gentils compagnons m'ont desjà demandée,
Mais pas un ne me plaist et à mon cœur n'agrée.

JANOT.

Et l'un de tes mignons (entre tant qui sont tiens)
Bergerotte, pour toy icy à toy je viens.

HELENE.

Mais encor, mon Janot, que veux-tu que je face?
Le mariage, helas ! de cent tourmens menace.

JANOT.

Tu te trompes, il n'a tristesse ny douleur :
Le mariage n'est que plaisir, joye et heur.

HELENE.

Si est-ce que toujours les femmes mariées
Ont crainte des maris qui les ont espousées.

JANOT.

Mais souvent des maris maistresses elles sont.
Hé ! qui est le mary de qui crainte elles ont?

HELENE.

Je crains trop le tourment d'un travail d'une couche,
Car le traict de Lucine est, ce dit-on, farouche.

JANOT.

C'est Diane plus tost qui donne du tourment.

HELENE.

Je crains que la grossesse ou bien l'accouchement
Ne me gastent le teint, que beau surtout je prise,
Et qu'au port des enfans il se passe et grossisse.

JANOT.

Si tu accouche, aussi tu auras des enfans,
Enfans qui te seront nouveaux soleils luisans.

HELENE.

Et si je m'y consens, quel doire ou avantage
Me rapporteras tu digne du mariage ?

JANOT.

Quel ? mon troupeau entier, tous mes taillis branchus,
Avec mes beaux pastis verdoyans et herbus.

HELENE.

Promets donc par serment, de peur que delaissée
Tu ne me laisse après en ma couche veuvée.

JANOT.

Par Pan je le promets, car quand tu me voudrois
Chasser d'auprès de toy, jà je ne m'en irois.

HELENE.

J'auray doncques deux licts et la maison meublée,
Une gentille loge et moy miste habillée.

JANOT.

Tu auras de beaux licts et si te donneray
Un beau troupeau qu'aux champs paistre je meneray.

HELENE.

Mais quels propos tiendray je au bon homme de pere ?

JANOT.

Heureux il s'en tiendra, louant (comme j'espere),
Mais qu'il oye mon nom, ton vouloir en cecy.

HELENE.

Redis donc ce beau nom, car l'oyant, mon soucy
(Tant il est doux et beau !) plaisamment emmielle.

JANOT.

Janot, Perot mon pere, et ma mere Pernelle.

HELENE.

Ce sont trés bonnes gens qui ont beaucoup de bien,
Mais je ne suis pas moins et je ne t'en doy rien.

JANOT.

Non pas trop renommés. Ton pere c'est Mabille.

HELENE.

Monstre moy donc ton clos et ta loge gentille.

JANOT.

Le voila : vois tu pas comment mes haults cyprès
Jettent leur beau bouton plantés bien près à près?

HELENE.

Brebiettes, broutez par ce verd pasturage,
Pendant que j'iray voir de Janot le mesnage.

JANOT.

Vous, mes taureaux, paissez pendant que je m'en vois
A Helene monstrer l'ombrage de mes bois.

HELENE.

Satyre, que fais-tu? quoy! la main tu as mise
Au travers mon collet et dessous ma chemise!

JANOT.

Si ne faut il tenir ton teton rond et frais.

HELENE.

Mon Dieu, que j'ay grand peur! je ne sçay que je fais.
Mon Dieu, laisse cela, laisse cela, beau sire;
Laissez encore un coup, vous le faut il tant dire?

JANOT.

Et fiez-vous en moy : de quoy avez-vous peur?
Que vous estes peureuse et avez peu de cœur!

HELENE.

Tu me mets en la boue : a ha, a ha, pauvrette !
Tu salis mon corset et ma robe blanchette.

JANOT.

J'ay jetté dessous toy pour garder tes habits
Ma pannetière molle et de peau de brebis.

HELENE.

Ha ! tu romps ma chemise... Ha ! Janot, tu me faches.
Pourquoy tes chausses donc est-ce que tu detaches ?

JANOT.

Je voüe ce present pour primice à Venus.

HELENE.

Laisse cela, meschant, j'oy quelques-uns venus.

JANOT.

Ce n'est que ce cyprès qui chante l'aventure
De nostre mariage avec un doux murmure.

HELENE.

Cela n'est point de jeu, car tu as tout rompu
Mon corset et ma robbe... Ha ! je suis tout à nu.

JANOT.

Ne pleures pour cela : tu en auras, Helene,
Une qui vaudra mieux douze fois que la tienne.

HELENE.

Tu promets or assez, mais quand je le voudrois
Jusqu'à un grain de sel tu me refuserois.

JANOT.

Ha tu t'abuses bien, bergerotte m'amie.
Que puissay je pour toy rendre ma propre vie !

HELENE.

O divine Diane, ayes pitié de moy !

JANOT.

Tu es jà mariée, elle n'a rien en toy.

HELENE.

Je veux faire à Venus d'un gras bœuf sacrifice
Et vouer à l'Amour une tendre genisse.
Fille je suis venue et femme je m'en vois.

JANOT.

Ouy femme vrayment et mère à ceste fois.

LE POETE.

Ainsi ces amoureux de leurs membres disposts
En ce travail (heureux) pressoient un doux repos,
Et entre eux courroucés (doux courroux !) se leverent
De ce lict desrobe qu'à l'escart ils trouverent ;
Et elle en se levant et ses ouailles paissant
Le visage honteux et l'œil alloit baissant,
Mais son cœur estoit gay ; et il va à l'encontre
De son troupeau cornu, gaillard de sa rencontre.

ANT. DE COTEL.

TABLE.

RARETÉS BIBLIOGRAPHIQUES.

RÉIMPRESSIONS FAITES, POUR UNE SOCIÉTÉ DE BIBLIOPHILES,
A CENT EXEMPLAIRES NUMÉROTÉS,
PLUS DEUX SUR PEAU VÉLIN ET QUATRE SUR PAPIER DE CHINE

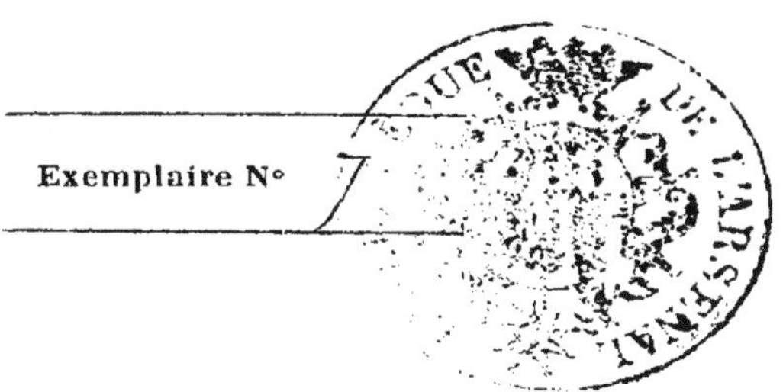

Exemplaire N° 7

BRUXELLES,
IMPRIMERIE DE A. MERTENS ET FILS.

1863

www.ingramcontent.com/pod-product-compliance
Ingram Content Group UK Ltd.
Pitfield, Milton Keynes, MK11 3LW, UK
UKHW020914180726
13838UKWH00002B/533

9 782329 332703